Liebe Leserinnen, liebe Leser,

der Norden Kanadas fasziniert durch gewaltige Ausdehnung und die eindrucksvollen, menschenleeren Landschaften. Hier ist das Reisen abseits der ausgetretenen Pfade Programm. Ob Frühjahr, Sommer, Herbst oder Winter – jede Jahreszeit ist eine gute Reisezeit, denn so lassen sich die unterschiedlichen Facetten dieser Regionen erleben. Zusätzlich begeistert diese letzte große Wildnis des nordamerikanischen Kontinents durch eine einzigartige Tierwelt mit Bären, Elchen, Karibus und Walen in ihrer natürlichen Umgebung.

In dieser Ausgabe unseres Magazins 360° Kanada präsentieren wir Ihnen ein ausführliches Special über die Nordterritorien mit einer Auswahl von einzigartigen Erlebnissen. Wir starten in den Northwest Territories, die touristisch bisher nur schwach erschlossen sind. Gerade aus diesem Grund bietet das Territorium erstklassige Reisebedingungen für Naturliebhaber und Abenteurer. Zahllose Seen, Tundra und Permafrost verleihen der arktischen Landschaft ihren ganz besonderen Reiz.

Michaela Arnold gibt uns zunächst einen bildgewaltigen Überblick über die imposante Natur und die faszinierende Tierwelt der Northwest Territories bevor sie uns auf der Deh Cho Route mitnimmt zu den schönsten Wasserfällen der Region. Und natürlich darf darf auch ein Flug mit dem Wasserflugzeug bei einem Trip durch die Northwest Territories nicht fehlen.

Durch die eindrucksvolle Landschaft des Yukon führen einige der schönsten Straßen der Welt, darunter der Alaska Highway und der Chilcoot Trail. Dabei lassen sich beispielsweise geschichtsträchtige Orte wie Dawson City und der atemberaubende Kluane National Park entdecken. Im Heft starten wir zunächst gemeinsam mit Holger Bergold zu einer Auswahl von abwechslungsreichen Wanderungen in der Southern Lakes-Region. Anschließend begleiten wir Geneviève Susemihl in zwei Beiträgen auf eine Forschungsreise nach Dawson City bevor uns wieder Holger Bergold zeigt, warum er sich bereits in den 1990er-Jahren unsterblich in die raue Schönheit des Yukon verliebt hat.

Noch einsamer und abgelegener als die Northwest Territories und der Yukon ist das Territorium Nunavut. Einen ersten Eindruck über das arktische Reiseziel für Fortgeschrittene vermittelt uns wieder Michaela Arnold.

Wer noch mehr über den Norden Kanadas erfahren möchte, dem legen wir das im Herbst in unserem Verlag erscheinende Buch „Der Norden Kanadas mit Alaska: 66 Tipps abseits der ausgetretenen Pfade“ ans Herz: *360grad-medienshop.de/Norden-Kanadas*

Jede Menge Lesespaß und Vorfreude auf die nächste Reise nach Kanada wünscht

Ihre Redaktion von 360° Kanada

Inhalt

Einsteigen

Eintauchen

Entdecken

Aufnehmen

Mitmachen

DKG Journal

Einsteigen

Banff National Park: Neue Klettersteige am Mt. Norquay

Zwei neue Klettersteige sind am Mt Norquay im Banff National Park eröffnet worden: der Alpinist und der Mountaineer. Insgesamt gibt es nun sechs Routen zu erkunden!

Der Alpinist, eine vier- bis fünfstündige Route, führt zum Norquay „Panoramadome" und folgt dann für 600 Meter dem malerischen schmalen Kamm des Berges. Diese Route ist durchgehend mäßig bis anstrengende, mit kurzen Pausen. Nach dem Abstieg zurück zum Cliffhouse Bistro ist Zeit für eine Pause und ein Getränk.

Auf der Mountaineer-Route legen Kletterer in bis zu acht Stunden etwa 3 Kilometer und 800 Höhenmeter im Auf- und Abstieg zurück und erkunden dabei die gesamte Länge des Bergkamms zwischen dem Südost- und dem Nordostgipfel. Die längste Tour umfasst den gesamten Klettersteig am Norquay - eine mäßige Tagestour mit malerischen Pausen und Mittagessen am Berg.

banffnorquay.com

Calgary: Neue Attraktionen im Heritage Park Historical Village

Der neue Prospect Ridge erweckt im Heritage Park Historical Village in Calgary (Alberta) die Geschichte Westkanadas zum Leben und zeigt, wie die Außenseiter des neuen Westens das Land und alles, was es zu bieten hat, nutzten, um Wohlstand und Innovation für die Zukunft zu schaffen.

Zu den Exponaten gehören ein Kohlebergwerk, ein Wasserrad und eine Nachbildung des Bohrturms Dingman Discovery Well sowie eine Bergarbeiter- und Parkwächterhütte, ein Amphitheater, eine Windmühle und ein Naturpfad der First Nations, der alle Exponate physisch und thematisch miteinander verbindet.

Innovation Crossing ist ein brandneues, hochmodernes Interpretationszentrum, das 2021 eröffnet wurde. Das Gebäude wird mit aktuellen umweltfreundlichen Technologien betrieben, deren nachhaltige Funktionsweise die Besucher in Echtzeit erleben können.

Die Ausstellung Anne Frank, A History for Today, die vom Anne Frank Haus in Amsterdam aus auf Reisen geht, beleuchtet Annes Leben parallel zu den Gräueltaten des Holocaust und des Zweiten Weltkriegs, und stellt gleichzeitig Verbindungen zu Themen her, mit denen wir heute konfrontiert sind.

heritagepark.ca

Toronto: Königliches Museum von Ontario

Die erste Galerie ihrer Art in Nordamerika beleuchtet mit der Willner Madge Gallery, Dawn of Life, den Beginn des Lebens. Besucher erkunden eine der er-

staunlichsten Fossiliensammlungen der Welt und entdecken Wunder der Vergangenheit, Gegenwart und Zukunft. Seit dem 15. Juni wirft im Royal Ontario Museum zudem die Ausstellung „Fantastic Beasts™: The Wonder of Nature“ einen Blick auf die Verbindungen von fantastische Fabelwesen und den bemerkenswerten Kreaturen der realen Welt. Auf diese Weise soll beim Betrachter eine tiefere Verbindung zu unserem Planeten entstehen und ihn ermutigen, diesen zu pflegen und zu bewahren. Beim Betrachten der fantastischen Tierwesen werden Besucher erfahren, wie diese Tiere einige der unglaublichsten Geschichten in der Folklore unterschiedliche Völker der Welt hervorgebracht haben.

rom.on.ca/en

Prince Edward Island: The Island Walk

Mit endlosen Stränden, charmanten Kleinstädten und üppigem Ackerland verfügt Prince Edward Island über eine atemberaubend vielfältige Landschaft. Jetzt können Reisende die kleinste Provinz Kanadas, die auch als „Food Island“ bezeichnet wird, zu Fuß umrunden: The Island Walk ist eine rund 700 Kilometer lange Wanderroute, die PEI einmal komplett umrundet. Der Island Walk ist sowohl für erfahrene Wanderer als auch für Gelegenheitswanderer ideal. Er verläuft entlang der äußeren Grenzen von PEI und durch idyllische Landschaft. Mit einer Mischung aus Binnen- und Küstenabschnitten umfasst die Route Abschnitte entlang des Ozeans, einen großen Teil des Confederation Trail, rote Schotterstraßen, Strände, ruhige Straßen und beide Spitzen der Insel am North Cape und East Point.

Wer den gesamten Island Walk bezwingen möchte, muss rund 32 Tage einplanen, wenn pro Tag etwa 20-25 Kilometer absolviert werden. Es ist allerdings auch möglich, nur einzelne Etappen der 32 Abschnitte des Trails zu laufen und sich mehr Zeit dafür zu nehmen, bestimmte Bereiche der Insel zu erkunden. Für den Weg ist nur eine minimale Ausrüstung erforderlich, Turnschuhe etwa reichen zum Wandern völlig aus.

theislandwalk.ca/

British Columbia: Refugien und Auffangstationen für Wildtiere

Die Provinz British Columbia beherbergt Zehntausende von Pflanzen- und Tierarten, die in vielfältigen und unterschiedlichsten Lebensräumen und Ökosystemen zu Hause sind – darunter mehr als 1800 gefährdete Arten. Glücklicherweise engagieren sich Naturschutzzentren in der gesamten Provinz aktiv für Artenschutz und Forschung. Darüber hinaus machen sie den Besuchern deutlich, wie wichtig der Schutz dieser Tiere und ihrer Lebensräume ist. Wir stellen sechs dieser Zentren vor.

North Island Wildlife Recovery Centre, Parksville Qualicum Beach

Diese von der gemeinnützigen North Island Wildlife Recovery Association (NIWRA) betriebene Auffangstation kümmert sich um Tiere mit den unterschiedlichsten Bedürfnissen, darunter Vögel mit gebrochenen Flügeln, verwaiste Schwarzbären oder durch Stromschlag verletzte Adler. Ihr Hauptziel ist es, so viele Tiere wie möglich wieder auszuwildern und die Öffentlichkeit über Wildtier- und Umweltfragen aufzuklären. Das NIWRA bietet Besuchern das größte Adlerfluggehege seiner Art in Kanada, ein Naturmuseum, das die Tiere Vancouver Islands zeigt, ein interaktives Lernzentrum und darüber hinaus Gehege, in denen mehr als 60 ansässige, nicht mehr auswilderbare Tiere aus nächster Nähe beobachtet werden können.

The Raptors, Duncan

Diese Einrichtung hat es sich zur Aufgabe gemacht, Menschen über die wahre Geschichte dieser lautlosen Raubvögel aufzuklären – zum Beispiel über ihren alarmierenden Rückgang, denn fast 30 Prozent der weltweiten Population gelten als bedroht, gefährdet oder stark gefährdet – und ihnen ein Gefühl der Verantwortung für den Schutz dieser majestätischen Tiere und ihrer Lebensräume zu vermitteln. Zu den Aktivitäten gehören tägliche Flugvorführungen von

Adlern, Falken, Eulen und Geiern, die Möglichkeit, einen Falken zu halten oder einer Eule von Angesicht zu Angesicht zu begegnen sowie Interaktionen mit Greifvögeln, während man etwas über ihr Verhalten, ihre Ernährung, ihren Lebensraum und Maßnahmen zur Arterhaltung erfährt.

Grouse Mountain, Vancouver

Das Grouse Mountain Resort beherbergt ein Refugium für gefährdete Wildtiere, darunter die Grizzlybären Grinder und Coola – eine Live-Kamera zeigt sie im Winter beim Schlummern in ihrer Höhle, aber im Frühjahr können Besucher sie auch live und aufgeweckt in ihrem Lebensraum beobachten. Auf Grouse

Mountain gibt es auch sog. Eulen-„Botschafter“, die die Besucher über die nachtaktiven Vögel aufklären; im Sommer finden täglich „Eulengespräche“ mit einem Wildtierexperten statt. Grouse Mountain ist auch ein

aktiver Teilnehmer des North American Hummingbird Monitoring Network: Das Resort unterhält Futterstationen für die Kolibris und führt im Frühjahr und Sommer alle zwei Wochen Kontroll-Beobachtungen durch.

Osoyoos Desert Centre, Osoyoos

Dieses Informationszentrum liegt am südlichen Rand des Okanagan-Tals in einer Gegend, die als „Kanadas Taschenwüste" bezeichnet wird und eines der seltensten, empfindlichsten und gefährdetsten Ökosysteme des Landes darstellt. Hier findet sich auch eine der höchsten Konzentrationen an seltenen und gefährdeten Arten. Das Osoyoos Desert Centre setzt sich für die Erhaltung bedrohter Lebensräume in der Region ein, darunter 27 Hektar Antilopenbusch, eines der vier am stärksten gefährdeten Ökosysteme des Landes. Etwa 15 Autominuten entfernt gelegen leitet das Nk'Mip Desert Cultural Centre ein Forschungsprogramm über Klapperschlangen, das Reptilien wie die bedrohte Great Basin Gopher Snake markiert und ihre Bewegungen verfolgt. In der „Critter Corner" des Zentrums können die Gäste die Schlangen aus nächster Nähe betrachten oder sich in der Ausstellung „Living Land" über die Ökologie und Tierwelt der Wüste informieren.

Grizzly Bear Interpretive Centre, Golden

Wer unterwegs in BC noch keinem Grizzlybären (auf der Blauen Liste der zu beobachtenden Tierarten geführt) in freier Natur begegnet ist, kann im Grizzly Bear Refuge des Kicking Horse Mountain Resort vorbeischauen und den verwaisten Bären Boo besuchen, der in seinem 20 Hektar großen Gehege nach Belieben auf Nahrungssuche gehen oder spielen kann. Im

Sommer finden täglich Führungen statt und es wird ein „Ranger-Assist-Programm" angeboten, bei dem die Besucher hinter die Kulissen blicken und mehr über die Arbeit des Refugiums erfahren können.

Kootenay Trout Hatchery, Forte Steel

Die Kootenay Trout Hatchery, die von der Freshwater Fisheries Society of British Columbia betrieben wird, zieht jedes Jahr bis zu drei Millionen Regenbogen-, Cutthroat-, Kokanee-Forellen und Bachsaiblinge auf, um die lokalen (Hobby-)Angelmöglichkeiten zu ergänzen. Außerdem wird hier der auf der Roten Liste stehende (gefährdete) Weiße Stör zu Zwecken der Arterhaltung aufgezogen. Besucher können das ganze Jahr über vorbeikommen und an einer Führung teilnehmen (von Mai bis August werden diese täglich angeboten). Zu den Höhepunkten zählen Naturspaziergänge mit Informationen über einheimische Pflanzen, Vögel und Tiere, ein Programm zum Fangen-und-Freilassen der Fische sowie ein Bereich mit Aquarien, Lehrmodellen und Ausstellungen.

Die Northwest Territories:

Imposante Natur und faszinierende Tierwelt

Autorin: Michaela Arnold

Der Ausblick ist das Ziel!

Lunch in den Moose Ponds am South Nahanni River

Hoch im Norden Kanadas liegen sie: die Northwest Territories. Imposante Natur, ursprüngliche Wildnis und eine faszinierende Tierwelt – dies alles zeichnet die Region aus, die touristisch bisher nur schwach erschlossen ist und gerade darum erstklassige Reisebedingungen für Naturliebhaber und Abenteurer bietet.

Mit ihrer unberührten Natur, spektakulären Canyons und wilder Einsamkeit sind sie ein Traum für jeden Kanada-Urlauber. Zahllose Seen, Tundra und Permafrost

Das Mackenzie Delta

Der Ibyuk Pingo bei Tuktoyaktuk

verleihen der arktischen Landschaft hier ihren ganz besonderen Reiz.

Die seltsamen und zugleich wunderbaren Pingos der arktischen Küste gehören wohl zu den beliebtesten Besonderheiten des Nordens. Ein Kern aus Eis lässt die hochaufragenden Bergkuppen am Ufer der Beaufortsee anschwellen und die flache Tundra überragen. Der zweitgrößte Pingo der Welt ist der 49 Meter hohe Ibyuk vor den Toren Tuktoyaktuks.

Viel gerühmt ist die einzigartige Tierwelt der Northwest Territories. Hier leben rund 10.000 Schwarz- und Grizzly-Bären, 6000 Polarbären, 700.000 Karibus und 85.000 Moschusochsen. Es ist also fast unmöglich, bei der Tierbeobachtung leer auszugehen. Halten Sie die Kamera bereit!

Ein Moschusochse vor imposanter Landschaft

Ein Stopp am Arctic Circle ist ein Muss!

Der legendäre Dempster Highway passiert den Polarkreis – die einzige Möglichkeit in Kanada, um diese bedeutungsvolle Linie mit dem Auto zu überqueren. Wer über den Arctic Circle geschlendert ist, darf sich selbst gratulieren. Schließlich war man gerade an einem Ort, an dem nur wenige Menschen zuvor waren!

Die wilden Flussläufe der Northwest Territories sind ein wahres Eldorado für Kanuten und Kajakfahrer! In vielen Regionen gibt es geführte Touren, die in Länge und Schwierigkeitsgrad variieren und großes Abenteuer versprechen. Kanadas berühmtester Wildwasserfluss fließt durch den Nahanni National Park, ein Natur-Paradies aus stattlichen Gipfeln, herabstürzenden Wasserfällen, hoch aufragenden Canyons und Geschöpfen, die so manch einer noch nie zuvor gesehen hat. Einen kühnen Sprung aufs Floß oder ins Kanu und dann rein ins Vergnügen!

Mit dem Kanu im Nahanni die Natur entdecken!

Nordlichter sind in den Northwest Territories ganzjährig zu bestaunen!

Wenn es Nacht wird, erscheinen nicht selten die Polarlichter am Himmel, denn die Northwest Territories sind die Aurora Capital of the World! Normalerweise schleichen sie in einem geisterhaften Grün wie in Zeitlupe direkt über den Köpfen ihrer Zuschauer. Doch von Zeit zu Zeit gerät der Himmel völlig außer Rand und Band. Ein Polarlichtsturm! Ein Genuss, wenn bunte Wellen quer über den Himmel rollen und sich lilafarbene Vorhänge funkelnd entfalten, die den Himmel so herrlich in Aufruhr versetzen!

Sobald der Winter kommt, ändert sich die Straßenkarte der Northwest Territories dramatisch. Auf den zugefrorenen Seen und Flüssen bildet sich ein temporäres Netz aus Eisstraßen, das die Länge der regulären Highways der Region vorübergehend verdoppelt! Winterstraßen von fast 2000 Kilometern Länge werden durch unwirtliche Landschaften gepflügt, die im Sommer unpassierbar sind. Sie verbinden zwölf abgelegene Gemeinden, die damit einen temporären Zugang zur Außenwelt erhalten.

Unterwegs auf einer Eisstraße

Auf der Deh Cho Route:

zu den schönsten Wasserfällen der Northwest Territories

Die Alexandra Falls

Getreu dem Motto „Der Weg ist das Ziel“ ist die Deh Cho Route ein echter Geheimtipp für jeden Roadtrip-Fan. Ganz unberührt von Stress und Hektik der Zivilisation führt sie durch Kanadas wilden Nordwesten, vorbei an grandiosen Naturschauplätzen und Geheimnissen aus längst vergangenen Tagen.

Auf einer Strecke von insgesamt 1800 Kilometern durchquert sie dabei den Norden der Provinzen Alberta und British Columbia sowie die südlichen Northwest Territories. Auf kaum befahrenen, aber gut gewarteten Straßen und Schotterpisten folgt sie dem Mackenzie, dem Liard und dem Alaska Highway auf den Spuren der Händler und Pioniere, die den Norden Kanadas vor Jahrhunderten erkundeten. Sie kamen, um bei den Ureinwohnern Pelze einzutauschen und befuhren dabei die Wasserstraßen, die seit unzähligen Generationen von den indigenen Völkern genutzt wurden. „Deh Cho“ – so nennen diese den Mackenzie River, den gewaltigen Fluss, der die Northwest Territories vom Great Slave Lake bis hin zum Polarmeer über scheinbar unendliche Weiten durchfließt und von einem Viertel der Wassermassen ganz Kanadas gespeist wird.

„Mile Zero“ des Mackenzie Highways (Alberta Highway No. 35) ist einer der möglichen Ausgangspunkte dieses abenteuerlichen Roadtrips durch die Wildnis des Nordens. In Grimshaw, Alberta, etwa 500 Kilometer nordwestlich der Provinzhauptstadt Edmonton, startet die Deh Cho Route in nördlicher Richtung. Nach weiteren 470 Kilometern erreicht man ziemlich genau am 60. Breitengrad die Grenze zu den Northwest Territories. Hier wird es feierlich: Jeder Besucher, der zum ersten Mal die Schwelle zum hohen Norden überschreitet, erhält im Besucherzentrum ein „North of 60“-Zertifikat.

Hinter der Grenze führt die Deh Cho Route auf dem Mackenzie Highway (nun NWT Highway No. 1) weiter Richtung Norden. Der nun folgende Streckenabschnitt wird auch als Wasserfallroute bezeichnet, denn zahlreiche rauschende Wasserstürze, Kaskaden und Stromschnellen säumen hier den Weg.

Bereits 45 Minuten hinter der Grenze kann man im Twin Falls Gorge Territorial Park unweit der kleinen Stadt Enterprise die Kraft und das Tosen des mächtigen Hay River spüren, wenn er sich an den Alexandra Falls mehr als 30 Meter in die Tiefe stürzt. Nur vier Kilometer flussabwärts erreicht man über einen kleinen bewaldeten Pfad einen zweiten Wasserfall – die nicht weniger eindrucksvollen Louise Falls. Hier liegt einer der schönsten und beliebtesten Campingplätze der Northwest Territories, der einen wunderbaren Blick auf die 15 Meter hohen, stufenförmigen Kaskaden im Hay River Canyon bietet.

Zurück auf der Deh Cho Route fährt man nun Richtung Westen parallel zum Mackenzie River, der hier eine weite Ebene durchfließt. Ein lohnenswerter Abstecher zur kleinen Dene Siedling Kakisa führt direkt an den malerischen Lady Evelyn Falls vorbei. Landschaftsarchitekten hätten diesen Wasserfall kaum besser

Die Louise Falls

Michaela Arnold

Michaela Arnold hat sich im Jahre 2002 mit dem Nordkanada-Fieber infiziert und die Region seitdem mehrfach bereist. Ihr Lieblings-Roadtrip ist der Dempster Highway und das am besten im Herbst oder Winter.

planen können, als die Natur sie gebaut hat. An den sichelförmigen Felsen fällt der Kakisa River wie ein knapp 18 Meter langer Vorhang aus Sprühnebel und Gischt herab.

Bei der Weiterfahrt auf dem Mackenzie Highway machen die Sambaa Deh Falls im gleichnamigen Territorial Park mit donnerndem Getöse auf sich aufmerksam. Einen kleinen Spaziergang flussaufwärts sprudelt ein weiterer Wasserfall fröhlich vor sich hin: die Coral Falls sind weniger pompös, dafür hat man sie meist für sich allein.

In Checkpoint, an der Kreuzung der Mackenzie und Liard Highways (NWT Highway No. 7), ist ein weiterer Abstecher Richtung Norden fällig. Die Strecke führt in das geschichtsträchtige Städtchen Fort Simpson, das am Zusammenfluss von Mackenzie und Liard River liegt und aus der ältesten ehemaligen Handelsniederlassung der Hudson's Bay Company entstanden ist. Fort Simpson ist Ausgangspunkt für einen Ausflug in den Nahanni National Park. Mit dem Wasserflugzeug – neben Boot oder Kanu übrigens das einzige Verkehrsmittel, mit dem man in den Park gelangt – kann man zu den imposanten Virginia Falls fliegen. Staunend steht man vor einer flüssigen Lawine, die endlos weiterrollt. Hier fallen täglich rund 100 Millionen Tonnen des South Nahanni River eine 96 Meter hohe Bergwand herunter. Die Virginia Falls sind damit fast doppelt so hoch wie die berühmten Niagarafälle in Ontario.

Zurück in Checkpoint geht es nun wieder Richtung Süden. Im Blackstone Territorial

Die Lady Evelyn Falls

Beeindruckende Wassermassen an den Virginia Falls

Park kann man nochmal einen phänomenalen Ausblick auf die Nahanni Moutains genießen. Die Strecke führt dann weiter über den Liard Highway, vorbei an der Ortschaft Fort Liard. Jetzt heißt es leider „Good bye, Northwest Territories!". Die Deh Cho Route führt nun weiter durch die Provinz British Columbia bis zur „Mile Zero" des Alaska Highways bei Dawson Creek, bevor man schließlich in Alberta über Grand Prairie zurück nach Grimshaw oder Edmonton fahren kann.

AKTIVITÄTEN:

60th Parallel Territorial Park: *nwtparks.ca/explore/waterfalls-route/60th-parallel*
Twin Falls Gorge Territorial Park (Alexandra Falls & Louise Falls): *nwtparks.ca/explore/waterfalls-route/louise-falls-campground-twin-falls-gorge*
Enterprise: *enterprisenwt.com*
Hay River: *hayriver.com*
Lady Evelyn Falls Territorial Park: *nwtparks.ca/explore/waterfalls-route/lady-evelyn-falls*
Sambah Deh Falls Territorial Park: *nwtparks.ca/explore/waterfalls-route/sambaa-deh-falls*
Fort Simpson: *fortsimpson.com*
Nahanni National Park Reserve: *pc.gc.ca/en/pn-np/nt/nahanni*
Blackstone Territorial Park: *www.nwtparks.ca/explore/liard-trail/blackstone*
Fort Liard: *fortliard.com*

CAMPINGPLÄTZE
nwtparks.ca/campgrounds

HIGHWAYS UND FÄHREN
Alberta: *ama.ab.ca*
Northwest Territories: *inf.gov.nt.ca/en/transportation*
British Columbia: *drivebc.ca*

WEBSITES
dehchotravel.ca
nwtparks.ca/explore/waterfalls-route

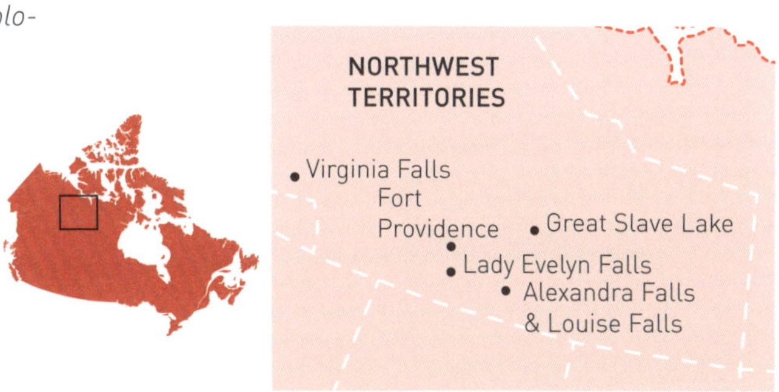

Ausblick mit Herzklopfen:
Flightseeing in den Northwest Territories

Wer die Northwest Territories wirklich begreifen möchte, sollte in luftige Höhen steigen. Denn erst aus der Vogelperspektive zeigt sich das eindrucksvolle Land in Kanadas Norden in seiner ganzen Pracht. Von vielen Gemeinden starten kleine Flugzeuge zu spektakulären Flightseeing-Touren. Sie versprechen einen atemberaubenden Blick auf einzigartige Landschaften, deren Ausmaß man sich vom Boden aus nicht ansatzweise vorstellen kann.

Steile Gipfel und herabstürzende Wasserfälle tauchen im Blickfeld auf. Riesige Bison- und Karibuherden ziehen direkt unter den Betrachtern vorbei. Abgelegene Geisterstädte, die fast schon von der Landkarte verschwunden sind, erwachen zum Leben. Sagenumwobene Seen und Sümpfe breiten sich am Horizont aus. Balsam für das Auge und für die Seele! Wenn man nach einer Stunde (oder vielleicht auch erst nach einem Tag) wieder auf dem Boden der Tatsachen gelandet ist, wird man unfassbare Dinge gesehen und über die Grenzen der Welt hinausgeschaut haben. Das Herz schlägt höher, nicht nur während des Fluges, sondern nachhaltig – für Kanadas Norden. Hier kommen die Top 3 der Flightseeing-Abenteuer in den Northwest Territories:

Ein Waldbison im Wood Buffalo National Park

#3 Wood Buffalo National Park

Hier ist es: das größte Naturschutzgebiet Nordamerikas, das sich vor den Fluggästen ausbreitet wie eine riesige Leinwand. Im Wood Buffalo National Park gibt es nur eine Handvoll Straßen, so dass man den größten Teil dieses riesigen Parks, der immerhin so groß ist, wie die Schweiz, ohnehin nur aus der Luft bewundern kann. Vor der Linse erscheinen die wilden, haushohen Wellen der Slave River Rapids, die glitzernden Salt Plains, die aus einer anderen Welt zu stammen scheinen, und das bioaktive Peace-Athabasca Delta - das größte Binnenmündungsgebiet der Erde. Auch die Namensgeber des Parks werden sicherlich in Erscheinung treten: die größte verbliebene Herde wilder Waldbisons in Nordamerika durchstreift im Wood Buffalo National Park die borealen Ebenen und wirbelt ordentlich Staub auf. Wenn man auf sie hinabblickt, ist es wie ein Blick zurück in die Vergangenheit, in ein lange zurückliegendes, unberührtes Ur-Zeitalter.

Von oben zeigt sich die beeindruckende Ausdehnung des Mackenzie Deltas

#2 Mackenzie Delta

Ein kurzes Stück nördlich von Inuvik teilt sich Kanadas größter Fluss, der mächtige Mackenzie River, in eine Millionen Abzweigungen und die ganze Welt scheint sich in Wasser zu verwandeln. Wenn der Pilot über das Mackenzie Delta fliegt und dabei ein faszinierendes Labyrinth an Rinnen und Kanälen überquert, weist er seine Passagiere auf die vielen Vögel und Tiere hin, die in den unter ihnen liegenden Gewässern zu Hause sind. Ein gutes Stück weiter nördlich liegt der Arktische Ozean, der oft von Eis bedeckt ist, manchmal von Walen bevölkert wird und stets von Geheimnissen umhüllt scheint. Ein ganz besonderes Merkmal in der arktischen Landschaft kann man nicht übersehen: Pingos! Diese geheimnisvollen Hügel ergießen sich im Zeitlupentempo als gefrorene Eruptionen aus dem Permafrostboden der Tundra und erheben sich wie große grüne Wächter über das Polarmeer an der arktischen Küste. Und schließlich erscheint das wackere Tuktoyaktuk, Zentrum der Kultur der Inuvialuit, das prekär an der polaren Küste thront und stolz auf seinen Titel als größter Außenposten der Northwest Territories nördlich der Baumgrenze ist.

#1 Nahanni National Park

Der Nahanni National Park ist die Mutter aller Flightseeing-Ziele. Wenn sich das Flugzeug von Fort Simpson in die Lüfte schwingt, werden schon bald die bekannten Wahrzeichen des Parks ins Blickfeld rücken. Es herrscht pure Aufregung, wenn der Pilot beim Überflug laut ihre Namen ruft: Headless Range. Deadmen Valley. Hell's Gate. Sunblood Peak, Lotus Flower Tower und Cirque of the Unclimables. Little Doctor Lake. Scimitar Canyon. Moose Ponds und Rabbitkettle Mound. Und natürlich das Herzstück des Nahanni, die legendären Virginia Falls! 30 Stockwerke sind sie hoch und stürzen sich unter den Flügelspitzen der Maschine tosend, mächtig und fast schon surreal wirkend in die Tiefe. Mindestens einmal sollte jeder Kanadier einen Flug über den Nahanni National Park gemacht haben – es ist fast schon eine Pilgerfahrt. Für alle anderen wird es die Reise ihres Lebens sein – versprochen!

Weitere Informationen unter:
www.spectacularnwt.de

Unglaublich beeindruckend – die Virginia Falls

Yukon:
Wanderungen in der Southern Lakes Region

Das Happy Camp am
Chilkoot Trail

Startpunkt der Wanderung
auf dem Chilkoot Trail

Wenn Sie in der Southern Lakes Region wandern bewegen Sie sich in dieser Region meist auf wirklich geschichtsträchtigen Pfaden, die schon während des Klondike-Goldrauschs von tausenden von Glücksrittern auf dem Weg zu den Goldfeldern ausgetreten wurden.

Oft finden Sie da übrigens auch noch Abfall, den die Damen und Herren Stampeder damals arglos auf die Seite warfen, denn Umweltschutz kam denen damals definitiv nicht in den Sinn. Oft haben die sich auch nur ihres schweren Gepäcks erleichtert, das sie bei der Einreise in den Yukon der Royal Canadian Mounted Police auf dem Chilkoot Pass vorweisen mussten.

Um eine Hungersnot zu verhindern verlangten die Polizisten damals, dass jeder Einreisende Ausrüstungsgegenstände und Nahrungsmittel für ein ganzes Jahr vorweisen musste. Das wog so in etwa eine Tonne. Und das wiederum bedeutete, dass sich die Goldsucher von damals vollbeladen mit Gepäck oft 30 bis 40 Mal die steilen „Golden Stairs" (Goldenen Treppen) hoch schleppen mussten, damit sie ihren Jahresvorrat oben vorweisen konnten und damit überhaupt erst in den Yukon einreisen durften. Das ganze meist im Winter, denn man wollte bei Eisschmelze bereits vom Lake Bennet mit Floßen und Booten losschippern. Das Ganze natürlich nicht wie heutzutage in modernster Thermokleidung, sondern eher im damals gängigen Tweed-Modell.

Daran denke ich oft, wenn ich auf diesen historischen Pfaden wandle und mir nach ein paar Stunden schon ein Päuschen mit Energieriegel und möglichst heißem Kaffee aus der Thermoskanne gönne. Also, wenn Sie beim Wandern alte und verrostete Dosen oder Ausrüstungsgegenstände finden, bitte nur anschauen, eventuell

Die legendären
„Golden Stairs"

Der Bare Loon Lake

fotografieren, aber ansonsten liegenlassen! Sie würden sich sonst strafbar machen, denn das sind heutzutage tatsächlich historische Artefakte.

Also, die gesamte Southern Lakes Region ist voller abenteuerlichen Routen. Am Einfachsten ist es, wenn Sie sich im Visitor Information Centre in Carcross ausführlich beraten lassen und sich dort Karten- und Routenmaterial geben lassen. Wohlgemerkt, die sind meist auch in deutscher Sprache verfügbar. Für gemütliche Spaziergänge ohne viel Höhenmeter bieten sich zum Beispiel Wanderwege am Tagish Lake und am Marsh Lake an, wo es, wie auf allen Wanderwegen im Yukon, immer eine vielfältige Fauna und Flora zu bewundern gibt. Für Freunde der Ornithologie ist diese Gegend besonders interessant, denn hier leben viele Vögel und zudem ist sie Durchzugsgebiet für Zugvögel. Wie überall im Yukon treffen Sie auch hier auf Bären und Elche, deshalb empfiehlt sich auch hier, immer Bärenspray griffbereit am Gürtel zu haben.

White Mountain Hike: Die White Mountain-Wanderung, nur wenige Kilometer die Atlin Road hinunter, ist ein etwa sechs Kilometer langer und zuerst recht steiler Weg hinauf auf ein Kalksteinplateau. Ist man einmal oben, hat man einen wirklich atemberaubenden Blick auf den Little Atlin Lake und die umliegende Landschaft. Die Gegend ist bekannt für die vielen Bergziegen, die in dieser Gegend leben. Mit etwas Glück „klettern" Sie hier also mit Bergziegen. Von Anfang April bis Mitte Juni sollten Sie diese Wanderung übrigens nicht machen. Das ist die Zeit, in der die Geißen ihre Kitze gebären und

Warnschilder weisen auf Bären in der Region hin

Der Little Atlin Lake

Ruine aus den Bergbauzeiten

da sind die äußerst aggressiv. Zudem sind dann sicherlich auch Bären in der Gegend, die auf leichte Beute hoffen.

Sam McGee Trail: Dieser historische Pfad führt hinauf in die alpine Region unterhalb des Montana Mountain. Dieser Weg entstand zur Goldrauschzeit im Jahre 1905, quasi als Arbeitsweg. Sam McGee, der hier eine Silbermine besaß, baute hier eine Seilbahn, um den silberhaltigen Erzabraum schneller und bequemer nach unten zu schaffen. Es gibt übrigens noch viele Überreste dieser Seilbahn sowie an-

Holger Bergold

Seit fast vierzig Jahren ist Holger Bergold eng mit Kanada verbunden. 1988 gründete er eine Marketing- und PR-Repräsentanz in Frankfurt. Als Mitglied des Weltenbummler-Filmteams von Schauspieler Hardy Krüger bereiste Holger 1994 erstmals des Yukon Territorium. Noch im selben Jahr beauftragte ihn die Regierung des Territoriums die Interessen des Department of Tourism & Culture im deutschsprachigen Europa zu vertreten. Bis zum heutigen Tage vertritt Holger den Yukon und hat den gesamten kanadischen Norden in der Zwischenzeit kreuz und quer bereist.

dere Bergbauüberbleibsel entlang des Weges.

Die Aussicht von oben ist fantastisch. Man blickt hinunter auf den Windy Arm des Tagish Lake und ist gleichzeitig von Bergen umgeben. Da in dieser Ecke viel Laubbäume stehen ist die Wanderung im Herbst besonders farbenprächtig. Bitte beachten Sie, dass der Sam McGee Trail auf dem traditionellen Gebiet der Carcross First Nations liegt. Bitte respektieren Sie deren Land und deren Regeln!

Übrigens, Robert W. Service, der „Goethe des Yukon“, hat Sam McGee in seinem wohl bekanntesten Gedicht ein Denkmal gesetzt. Das Gedicht heißt: „The Cremation of Sam McGee“ (Die Einäscherung von Sam McGee).

Alter Ofen am Wegesrand

Chilkoot Trail: Es ist der Trail, der Alaska und den Yukon mit Blick auf den historischen Klondike Goldrausch miteinander verbindet. Es war der Goldrausch, der den Trail berühmt machte, obwohl er schon damals ein jahrhundertealter Handelsweg der Athabaska- und Na-Dené First Nations war.

Heute ist der Chilkoot Trail nicht nur Weg mit Selbstfindungs-Qualitäten, sondern auch ein riesiges Freiluftmuseum. Auf Schritt und Tritt findet der Wanderer entlang des Weges verstreute Artefakte aus dieser Zeit. Der Chilkoot Trail ist Kanadas größte National Historic Site und entsprechend sollte der Pfad, auf dem Sie gehen und die Landschaft, in der Sie sich befinden, auch behandelt werden. Auf der gesamten Strecke gilt deshalb auch „Hände weg“ von all diesen Artefakten.

Was vor mehr als hundert Jahren für menschliche Schicksale, Tränen, Schweiß, Erfolg und Scheitern stand ist heute einer der schönsten und härtesten Wanderwege der Welt. Nach dem Startpunkt in Dyea führt der Trail durch den wundervollen Regenwald der Küstenberge. Insbesondere die Bezwingung der Golden Stairs, an die der Wanderer nach ungefähr

Unterwegs auf dem Chilkoot Trail

20 Kilometer Wegstrecke kommt, sind eine große Herausforderung. Auf einer Strecke von 800 Metern müssen dabei 305 Höhenmeter bis zur Passhöhe überwunden werden. Nicht mit der Ausrüstung der Goldsucher, aber immerhin mit dem ganzen Gepäck für diese Mehrtagesstrecke, die die meisten Wanderer in vier bis fünf Tagen bewältigen.

Camp am Bare Loon Lake

Die Natur des Küstengebirges, vom Einstieg in Dyea bis hin zum Bennett Lake machen diesen grenzüberschreitenden Trail zu einem besonderen Wandererlebnis. Unbedingt zu beachten ist, dass die Zahl der Wanderer auf dem Chilkoot Trail begrenzt ist, um die verschiedenen Rastplätze nicht zu überfüllen. Man braucht für diese Wanderung eine kostenpflichtige Genehmigung.

travelyukon.com

ALLGEMEIN

Die Visitor Information Centres in Whitehorse und Carcross haben Informationsblätter und Wanderführer in deutscher Sprache.

WHITE MOUNTAIN HIKE

- Anfahrt: Fahren Sie von Whitehorse auf dem Alaska Highway Richtung Watson Lake. Bei Jake's Corner biegen Sie rechts auf die Tagish Road ab. Nach zwei Kilometern geht es links weg auf die Atlin Road. Nach 5,6 Kilometern kommt links eine kleine Straße, die zu einer Kiesgrube führt. Parken Sie vor dem Tor zur Kiesgrube.
- Gesamtstrecke: 6 Kilometer
- Gehdauer: 3,5 Stunden
- Höhenunterschied: 700 Meter
- Schwierigkeitsgrad: gemäßigt bis anspruchsvoll

SAM MCGEE TRAIL

- Lage: South Klondike Highway
- Anfahrt: Von Carcross aus 17,5 Kilometer Richtung Skagway. Auf der rechten Seite geht der Trail weg. GPS: 60.061394, -134.571357
- Länge: 9 Kilometer
- Höhenunterschied: 618 Meter
- Gehdauer: 3,5 Stunden Hin- und Rückweg
- Schwierigkeitsgrad: gemäßigt bis anspruchsvoll

CHILKOOT TRAIL

- Lage: Grenzüberschreitend von Skagway (Alaska) bis Bennett
- Anfahrt: Kurz vor Skagway auf der Dyea Road bis zum Chilkoot Trail Outpost fahren. Der Chilkoot Trail beginnt kurz dahinter. GPS: 59.511918, -135.346485
- Permit: Sie brauchen eine Reservierung und ein Permit für Ihre Wanderung. Reservierungen können von 9 bis 16 Uhr pazifische Zeit unter +1 867 667 3910 getätigt werden. Folgende Informationen werden benötigt: Anzahl Erwachsenen (18 Jahre+), Jugendliche (6 bis 17 Jahre) und Kleinkinder (5 Jahre und jünger). Ebenso die Anzahl der benötigten Zeltplätze, Ihre genaue Route, Wunschtermine, Campingplätze und Ihre Kreditkarteninformation.
- Permitkosten: Bitte entnehmen Sie die geltenden Kosten und Regelungen der Website *pc.gc.ca/en/lhn-nhs/yt/chilkoot/visit/permis-permits*
- Länge: 53 Kilometer
- Höhenunterschied: 1070 Meter
- Gehdauer: 4 bis 5 Tage
- Schwierigkeitsgrad: anspruchsvoll

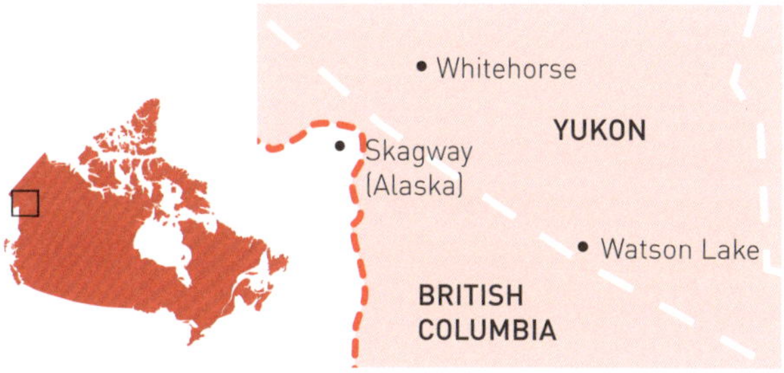

Erleben Sie den Geschmack Kanadas!

Kulinarik und Reisen gehören zusammen. Nicht zuletzt die geschmacklichen Erlebnisse machen Hunger auf den Besuch neuer Orte. Kanada hat in kulinarischer Hinsicht außergewöhnlich viel zu bieten. Lassen Sie sich von der Initiative Taste of Canada und ihren Partnerunternehmen die Vielfalt der kanadischen Esskultur näher bringen. Mit unseren Rezeptideen gelingen die kanadischen Spezialitäten auch in der heimischen Küche. Los geht es mit einem herzhaften Bisonbraten aus Alberta:

Taste of Canada ist eine Initiative, die 2020 von der kanadischen Regierung ins Leben gerufen wurde, und Produzenten sowie Importeure kanadischer Lebensmittel beim Eintritt und der Positionierung ihrer Produkte auf dem deutschsprachigen Markt unterstützt. Darüber hinaus dient die gleichnamige Website als Informationsplattform rund um kanadische Lebensmittel und bietet Links zu Onlineshops für Kanada-affine Food-Produkte: *www.tasteofcanada.de*

Taste of Canada

BISONBRATEN MIT WALDPILZEN

10 – 12 Portionen I 90 Minuten

FÜR DEN BRATEN

1,5 kg Bisonschulter, 125 ml Rotwein, 180 g Kürbispüree, 250 ml Sauce (Zubereitung s. u.) 2 EL frischer Salbei (gehackt), Salz und Pfeffer, 500 g ausgewählte kanadische Waldpilze, Butter (zum Anbraten der Pilze)

FÜR DIE SAUCE

385 ml Rinderbrühe, 4 TL Butter, 1 EL Mehl

BRATEN

Das Bisonfleisch im Backofen bei 150°C Umluft braten, bis die Fleischtemperatur ca. 60°C erreicht. Währenddessen den Rotwein zur Hälfte im Topf einkochen lassen. Anschließend Kürbispüree, Sauce und Salbei hinzufügen, 30 Minuten bei niedriger Temperatur köcheln lassen und nach Geschmack würzen. Die Waldpilze in etwas Butter anbraten. Zum Servieren die Bratenscheiben auf dem Kürbispüree anrichten und die Pilze darüber geben.

SAUCE

1 Glas Rinderbrühe andicken, bis sie am Stiel eines Holzlöffels einen dünnen Film hinterlässt. Für die Mehlschwitze Butter in einer Pfanne schmelzen lassen und unter ständigem Rühren das Mehl einrieseln lassen, von der Herdplatte nehmen und abkühlen lassen. Die heiße Brühe in die abgekühlte Mehlschwitze einrühren und zum Kochen bringen. Bei kleiner Flamme zur gewünschten Dicke einkochen lassen.

Das ausführliche und weitere kanadische Rezepte im offiziellen Taste of Canada-Kochbuch und unter: *tasteofcanada.de/kochbuch*

Taste of Canada-Partner

Mélody's Canada: große Auswahl qualitativ hochwertiger kanadischer Lebensmittel der gebürtigen Québecerin Mélody Roussy-Parent – vieles davon exklusiv in Deutschland, *www.melodys-canada.de*

Diamond Estates & Pillitteri Estates: zwei der renommiertesten Weingüter für Qualitätsweine in ganz Kanada mit Sitz auf der Niagara-Halbinsel in Ontario, *www.cellardoor24.de*

Canadian Beef: Rindfleischverband Kanadas und Aushängeschild für ausgezeichnetes Rindfleisch – die Aufzucht und Haltung der Rinder erfolgen mit viel Sorgfalt und unter besonders umweltschonenden Aspekten, *www.canadabeef.ca*

Moosehead Breweries: Kanadas größte unabhängige Brauerei, deren Biere seit über 20 Jahren von Atlantic Goody Foods in Deutschland mit viel Leidenschaft und Engagement vertrieben werden, *www.moosehead-bier.de*

47° North by South Ridge Maple: hochwertiger Single Source Ahornsirup aus New Brunswick mit besonderem Geschmackserlebnis bedingt durch die Herkunft aus einer einzigen Quelle, *www.47northfoods.com*

Tims Kanadische Backwaren: besondere Backwaren nach den Originalrezepten der Familie Coughlin aus Ontario produziert in Berlin, die ihren authentischen Geschmack erlesenen Rohstoffen und schonender Verarbeitung verdanken, *www.timsbackwaren.de*

Noble Premium Bison: Bison-Fleischproduzent mit 25 Jahren Erfahrung in Aufzucht und Haltung von Bisons aus Calgary, *www.noblepremiumbison.com/de*

Sortilège: feinster kanadischer Likör-Genuss erhältlich über AGE Distribution in Berlin, *www.age-distribution.com/sortilege*

The Poutine Kitchen: Poutine, das Streetfood-Highlight aus Québec mit Original Cheese Curds sowie Poutine-Gravy – und damit absolut authentisch, *www.thepoutinekitchen.de*

Ahornsirup aus Kanada: Aufgabe des 1996 gegründeten Verbands ist neben der Qualitätssicherung die Regulierung des Marktes und die Förderung des Exports in alle Welt. Initiative der Québec Maple Syrup Producers (QMSP), *www.ahornsirup-kanada.de*

Gewinnspiel: Gewinnen Sie eine Taste of Canada-Box! Mit etwas Glück gehört diese bald Ihnen und Sie können sich durch unterschiedlichste Köstlichkeiten kanadischer Esskultur schlemmen. **Schreiben Sie uns einfach eine E-Mail mit dem Stichwort Taste of Canada an** *redaktion@360grad-medien.de*
Teilnahmebedingungen finden Sie hier:
https://360grad-travel.club/news/deutschland/item/teilnahmebedingungen-fuer-gewinnspiele-360-medien

City of Gold

Auf Forschungsreise in Dawson City im Yukon

Air North, Yukons Airline, fliegt regelmäßig von Vancouver zu diversen Zielen im Yukon.

Die kleine Propellermaschine der Fluglinie Air North fliegt von Whitehorse nach Dawson City. Die Landschaft unter uns wirkt grenzenlos. Majestätische Berge und grüne Wälder so weit das Auge reicht; in den glasklaren, türkisfarbenen Seen spiegeln sich die Wolken. Wir sind etwa 30 Passagiere. Die meisten wollen wie ich nach Dawson. Einige fliegen weiter nach Inuvik, mit 3500 Einwohnern Kanadas größte Siedlung nördlich des Polarkreises.

Über Dawson City ändert sich das Bild. Wie überirdische Maulwurfsgänge schlängeln sich die Tailings durch die Landschaft – lang gestreckte Erdhügel, übrig geblieben aus der Zeit des Goldrausches des letzten Jahrhunderts. Das typische Image des Klondike ist das des einsamen Goldwäschers mit Goldpfanne. In den 1920er-Jahren mussten sie der industriellen Goldgewinnung weichen. Mit riesigen Schwimmbaggern, den Dredges, wurde die Erde umgegraben und die Landschaft für immer geprägt. Die wurmähnlichen Hügelketten erzählen diese einmalige Geschichte, und die Stadt will sie deshalb als Kulturerbe schützen lassen. Noch heute wird im Klondike Gold in großem Stil abgebaut. Neben mir im Flieger sitzt Frank. Er ist Elektriker und unterwegs zum neuen Eagle-Gold-Projekt, einer der größten Goldminen der Welt. Vor Ort will er prüfen, wie viele Leute er einsetzen muss, um dort die Elektrik zu installieren: „Das wird groß wie eine Stadt; wir werden drei Jahre brauchen." Das Unternehmen Victoria Gold plant, jährlich 200.000 Feinunzen Gold im Wert von 230 Millionen Euro zu produzieren, wobei Unmengen von Erde umgegraben werden. Gold wird neben Tourismus auch künftig die Haupteinnahmequelle der Menschen hier im Norden sein.

Wir landen auf dem kleinen Flugplatz von Dawson City und nehmen ein Taxi in die Stadt. Ich ziehe meinen Koffer über die holzbeplankten Gehwege und staubigen Schotterpisten. Asphaltierte Straßen gibt

Dawson City, wo der Klondike River in den Yukon River mündet.

Geschäfte in der Front Street, dem ehemaligen „Broadway des Nordens"

es hier kaum, denn der Dauerfrostboden würde sie zerstören. Bei schlechtem Wetter und im Winter ist es schlammig. Autos und Motorräder tragen den getrockneten Matsch mit Stolz – Road Credit nennen das die Einheimischen. Die Stadt am Yukon River ist überschaubar. Mit knapp 1400 Einwohnern ist Dawson nach der Hauptstadt Whitehorse die zweitgrößte Stadt im Yukon. Sie ist nicht natürlich gewachsen, sondern während des Goldrausches über Nacht aus dem Boden geschossen. Die Fähre am Ende der Front Street ist die einzige Verbindung zwischen den beiden Ufern. Sie verkehrt rund um die Uhr und setzt Fußgänger, Autos, Camper und Busse über. Die meisten Touristen kommen auf ihrem Weg nach Alaska nach Dawson City. Vor einigen Jahren machte auch ich diese Rundreise, doch jetzt bin ich hier für ein Forschungsprojekt zu indigenem Kulturerbe und will zwei Wochen bleiben.

Am westlichen Ufer des Yukon River erwartet mich das Dawson City River Hostel, die nördlichste Jugendherberge Kanadas. Inhaber Dieter Reinmuth begrüßt mich. Seit 30 Jahren führt der Deutsche

Die als „kissing buildings" bezeichneten Häuser von 1901 lehnen sich aufgrund des geschmolzenen Dauerfrostbodens aneinander.

Nostalgie auf dem Yukon River: Die „Klondike Spirit" ist der einzige noch fahrende Raddampfer im Yukon.

das Hostel. Er liebt die Abgeschiedenheit und bezeichnet sich selbst als Yukoner. Sein Hostel hat weder fließendes Wasser noch Strom, geschweige denn Internet. Stolz führt Dieter mich über das weitläufige Gelände, bestückt mit ausgemusterten Fitnessgeräten und verrosteten Fahrrädern, und er zeigt mir die kleinen Holzhütten zum Wohnen, Plumpsklos, die Sauna und das Badehaus. Der ungewöhnliche Ort ist Unterkunft für Weltenbummler und Aussteiger. Eine Küche mit Herd gibt es nicht, dafür eine Feuerstelle in der Outdoor Kitchen. Da ich weder Topf noch Kocher mithabe, bleiben meine Spaghetti in der Packung und ich esse Müsli zum Abendbrot. Marco aus Italien und Gijs aus Holland sind besser ausgerüstet. Beide erkunden seit Jahren den Norden Kanadas mit dem Fahrrad beziehungsweise Motorrad und treffen sich gelegentlich auf Zeltplätzen. Später kommt Tom aus der Schweiz dazu, der zu Fuß mit einem Handwagen unterwegs ist. Wir sitzen lange zusammen, trinken Tee und tauschen Reiseerlebnisse aus.

Im Dawson City River Hostel ist es einfach und rustikal.

Am nächsten Morgen gehe ich ins Visitor Centre. Hier gibt es frischen Kaffee, freies WLAN und Informationen über Land und Leute. Dieser Besuch wird in den nächsten Wochen zu meiner morgendlichen Routine und fast täglich treffe ich hier die gleichen Leute. Heute sitze ich am Fenster, plane meinen Tag und beobachte das Treiben. Junge Leute mit schweren Rucksäcken erkundigen sich nach einer günstigen Unterkunft und amerikanische Rentner mit blumigen Sonnenhüten fragen, was es im Ort zu sehen gibt. Dawson City, der Ort wo der Klondike River in den Yukon River mündet, ist Inbegriff des Klondike Gold Rush. Die Stadt mutet an wie ein Museum und hat sich in den letzten 100 Jahren wenig verändert. Alte Häuser wurden liebevoll restauriert, neue

Gebäude den historischen nachempfunden. Zum Pflichtprogramm gehören Gold waschen am Bonanza Creek, Dinner bei Klondike Kate's, eine Cancan-Show in der Spielhalle Diamond Tooth Gertie's und ein Besuch der Dredge No. 4, des größten Schwimmbaggers der Welt.

Während ich mein Tagesprogramm organisiere, setzt sich Poppy MacDonald zu mir. Der Achtzigjährige in kariertem Holzfällerhemd lebt in Florida und war Pilot. „Ich war wie Tom Cruise in ‚Top Gun'", grinst er. Seit 15 Jahren kommt er nach Dawson, um Gold zu suchen, wie Buffalo Bill im Wilden Westen, und investierte Tausende von Dollar. „Heraus bekommen habe ich 500 Dollar", gesteht Poppy. Jetzt will er seinen Claim, das Fleckchen Erde, auf das er das Abbaurecht für Gold besitzt, verkaufen und fragt, ob ich Interesse habe. Auf einer Karte malt er Kreise und Kringel: „Hier gibt es noch viel Gold, aber hier brauchst du es gar nicht erst versuchen. Da waren schon zu viele, da ist nichts mehr zu holen." Es ist leicht, einen Claim anzumelden; die Registrierung kostet zehn Dollar. Aber man muss jährlich einige Hundert Dollar investieren. Poppys Frau, mit toupierten Haaren und lauter Stimme, kommt dazu. „Come on, Poppy, we need to go shopping", flötet sie und segelt davon, während Poppy sich mit einem Zwinkern von mir verabschiedet und gemütlich hinterher schlendert.

Das Dawson City Museum erzählt die Geschichte des Klondike.

Die Stadt und ihre Menschen sind voller Geschichten und ich sammle sie wie Muscheln am Ostseestrand, an dem ich aufwuchs. Einen Claim will ich nicht kaufen, dafür aber mehr über die Region des Klondike erfahren, die Kanada zum Weltkulturerbe erklären lassen will. Im Dawson City Museum treffe ich Museumsdirektor Alex Somerville und spreche mit ihm über die Ausstellung und „Klondikephilia". „Der

In dieser Blockhütte lebte einst Robert Service, der „Barde des Yukon".

Der Red Feather Saloon ist eine populäre Station auf einem Stadtrundgang durch Dawson City.

Geneviève Susemihl

Als Dozentin am Englischen Seminar der Universität Kiel ist für sie Nordamerika Leidenschaft und Forschungsgegenstand zugleich. Die Kultur- und Literaturwissenschaftlerin durchquerte Nordamerika mit Auto, Bus und Bahn. Sie war als Journalistin, Dozentin, Lehrerin und Forscherin in Deutschland und Kanada tätig und hat vielfach publiziert. Nach einigen Jahren Aufenthalt in den USA und Kanada lebt sie heute mit ihrem Mann und drei Kindern an der Ostsee. Bei 360° medien erschien ihr Buch „Bären, Lachse, Totempfähle: Die kanadische Inselgruppe Haida Gwaii am Rand der Welt".

Klondike war immer ein Mythos; vom ersten Augenblick an war es eine Performance, eine Show", erzählt der Experte. Robert Service, der „Barde des Yukon", machte diesen Mythos mit seinen Balladen über einsame Goldgräber unsterblich. Der amerikanische Schriftsteller Jack London versuchte sich ein Jahr als Goldsucher. Dann erkrankte er an Skorbut. So fand er zwar kein Gold, doch dafür erfand er Geschichten über den einsamen Norden, die ihn später berühmt machten.

Auf einem Stadtrundgang mit Guides in historischen Kostümen treffe ich Nancy. Sie schlüpft in die Rolle der Belinda Mulrooney, die einst als reichste Frau im Klondike galt. Wie die männlichen Stampeders kam auch sie über den Chilkoot Pass, im Gepäck französische Seidenunterwäsche und Wärmflaschen, und wurde Unternehmerin. Auf unserem Rundgang besuchen wir die British North American Bank, kehren im Red Feather Saloon ein und besuchen das Palace Grand Theatre. Nach dem Rundgang genehmigen sich Mutige einen Sourtoe Cocktail im Downtown Hotel – ein Glas Whiskey mit einem menschlichen Zeh als Zutat, der beim Trinken mit den Lippen berührt werde muss.

Abends spaziere ich am Ufer des Yukon River zum Sternwheeler Graveyard, dem

Wrack eines Raddampfers am Ufer des Yukon

Das Yukon College wurde 2020 als Yukon University anerkannt und ist damit die erste Universität in Kanadas Norden.

Friedhof der Schaufelraddampfer. Die Wracks der einstigen Königinnen der Flüsse liegen verlassen am Strand. Majestätisch glitten sie einst auf den flachen Gewässern dahin und brachten Tausende Goldgräber und Glücksjäger in den Norden. Heute kommen Touristen und Einheimische hierher, um zwischen den hölzernen Gerippen zu klettern oder ein Lagerfeuer am Strand zu machen. Die letzten Sonnenstrahlen des Abends tauchen die Szene in nostalgisches Licht.

Neben all der Goldgräberromantik ist Dawson City eine moderne Stadt mit College, Bibliothek, Schwimmbad, Golf- und Basketballplatz. Es wird viel gebaut und zuweilen stoßen Arbeiter dabei nicht nur auf Gold oder alte Knochen. 1978 fanden Baggerfahrer eine verloren geglaubte Sammlung von über 500 Stummfilmen aus den Jahren um 1910. Damals war Dawson Endstation einer Filmvertriebskette, und da der Rückversandt der Filmrollen teuer war, sollten sie nach der Aufführung vernichtet werden. Hunderte Filme wurden kurzerhand unter dem Fundament des Schwimmbades begraben. Aus den vom Permafrost konservierten Zelluloidschätzen schnitt Regisseur Bill Morrison 2016 den Film „Dawson City: Frozen Time" – teils Dokumentation, teils Collage. Ein Juwel für Filmfans und Historiker.

Das Leben in Dawson City ist ruhiger und langsamer als anderswo. Annie, Guide bei Parks Canada, lebt ohne fließendes Wasser nahe der Stadt. „Als ich draußen im Busch lebte, fuhren wir jeden Morgen mit dem Hundeschlitten zum Yukon und holten Eis, das wir in einem Fass hinterm Ofen schmolzen", erzählt sie. Heute holt sie ihr Wasser von der Feuerwehr. „Bevor ich nach Hause fahre, fülle ich dort mein Wasser ab. Wir haben zwei Waschsalons in der Stadt, mit öffentlichen Duschen. Das ist alles Teil meiner täglichen Runde; es wird einfach normal". Der Vorteil: Das Wasser ist kostenlos und von so guter Qualität, dass es einige schon abgefüllt und verkauft haben.

Der Yukon River lockt viele Paddler und Angler.

Nach zwei Wochen heißt es Abschied nehmen. Auf dem Rückflug ist es laut wie in einem Bus auf Klassenfahrt. Die Einheimischen singen und erzählen und wollen in Whitehorse einkaufen oder ihre Verwandten besuchen. Während meines Aufenthalts habe ich viele Menschen und ihre Geschichten kennengelernt. Ich werde ihre Offenheit und Gastfreundschaft vermissen und nehme mir vor, wiederzukommen – vielleicht für ein neues Projekt.

ANREISE

Von Whitehorse mit dem Flugzeug mit Air North oder per Bus mit Husky Bus für 119 CAD.

ALLGEMEINE INFORMATIONEN

Informationen, Tickets für Veranstaltungen von Parks Canada und Filme über die Geschichte von Dawson City gibt es im Visitor Information Centre; 1102 Front Street, Dawson City, YT Y0B 1G0, *dawsoncity.ca/plan-your-trip/visitors-centre-info.*

EINKAUFEN

Maximilian's Gold Rush Emporium: die beste Auswahl an Büchern über den Klondike und Souvenirs; 982 Front Street, Dawson City, YT Y0B 1G0, *maximilians.ca*

Dawson Trading Post: eine wahre Fundgrube; hier gibt es alles von der Angelerlaubnis über Bärenfallen und Campingausrüstung bis zum Expertenrat für Outdooraktivitäten; 966 Front Street, Dawson City, YT Y0B 1G0, *dawsoncity.ca/listing/dawson-trading-post*

CAMPING

Yukon River Campground: mit dem Wohnmobil oder Zelt findet man hier einen Stellplatz; Top of the World Highway, Dawson City, YT Y0B 1G0, *yukon.ca/en/outdoor-recreation-and-wildlife/camping/site/yukon-river*
Dawson City River Hostel: bietet neben der Unterkunft in Blockhütten auch Platz für Zelt und Wohnmobil; Box 32, Dawson City, YT Y0B 1G0, *yukonhostels.com*
Goldrush Campground RV Park: klein doch mitten in der Stadt, eine Buchung im Voraus ist sinnvoll; 1207 Fifth Avenue, Dawson, YT Y0B 1G0, *goldrushcampground.com*
Dawson City RV Park & Campground: liegt etwas außerhalb und ist hauptsächlich für Wohnmobile ausgelegt; km 712 Klondike Highway, Dawson City, YT Y0B 1G0, *dawsoncityrvpark.com*

VERPFLEGUNG UND PROVIANT

Dawson City General Store: Front Street (Ecke Queen Street), Dawson City, YT Y0B 1G0, *dawsoncity.ca/listing/dawson-city-general-store*
Bonanza Market: Second Avenue (Ecke Princess Street), Dawson City, YT Y0B 1G0, *bonanzamarket.ca*

ESSEN & TRINKEN

Cheechako's Bakeshop: das wohl beste Frühstück und der beste Lunch in der Stadt; es gibt frisch gebackenes Brot, Muffins, die besten hausgemachten Sandwiches und frischen Kaffee; 902 Front Street, Dawson City, YT Y0B 1G0, *dawsoncity.ca/listing/cheechakos-bakeshop*

AUSFLÜGE

The Klondike Experience: bietet Ausflüge zum Midnight Dome, dem beliebten Aussichtspunkt hoch über der Stadt, zu den Gold Fields und zum Tombstone Territorial Park sowie einen täglichen Shuttle Bus zum Flughafen; 954 Second Avenue, Dawson City, YT Y0B 1G0, *klondikeexperience.com*

LITERATUR

Zu den schönsten und bekanntesten Gedichten von Robert Service zählen „The Cremation of Sam McGee", „The Spell of the Yukon" und „The Shooting of Dan McGrew", die auch online zu finden sind; poetryfoundation.org. Jack London schrieb „Wolfsblut" und „Der Seewolf".

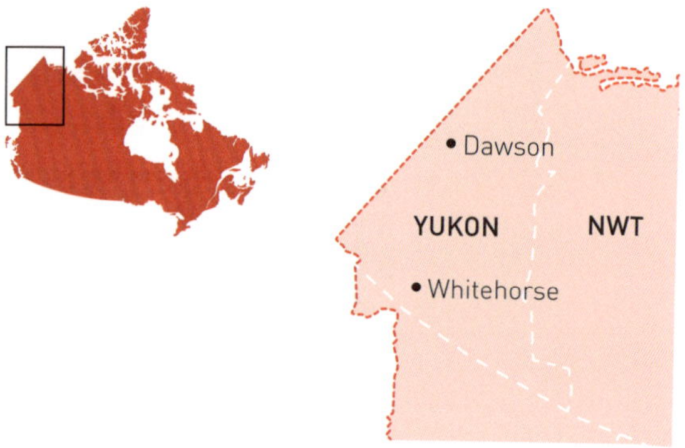

DKG Journal

Magazin der Deutsch-Kanadischen Gesellschaft e.V.

Ausgabe: 2/2022

QUÉBEC: ALLES IST POLITISCH

MONTRÉAL:
Innovativ, unberechenbar

KEIN WEG ZURÜCK?
Das Referendum von 1995

QUÉBEC UND DER ROC:
Krise als Dauerzustand

LIEBE DKG-MITGLIEDER, LIEBE LESERINNEN UND LESER,

Wenn wir uns nach längerer Zeit wieder einmal der Provinz Québec zuwenden, ist das Ergebnis kein Griff in die Mottenkiste, sondern die Erkenntnis, es mit einem hochaktuellen Gemeinwesen zu tun zu haben.

Seit 1977 gilt Französisch als Mehrheitssprache in Québec und als Amtssprache der Landesregierung. Wir haben Jed Jedwab von der Association for Canadian Studies gefragt, wie weit es mit der behaupteten Anglisierung Québecs wirklich her ist.

Christoph Barmeyer gibt einen Einblick in den Zusammenhang von Multikulturalität, Unternehmertum und Innovation. Er folgt dabei Richard Florida, der den Slogan prägte, kreative Städte müssten "talent, technology and tolerance" umarmen, um wirtschaftlich erfolgreich zu sein.

Helga Bories-Sawala unterstützt uns dabei, die Ambivalenzen Québecs besser zu verstehen. Es ist kurioserweise das britische Verhältniswahlrecht, das den Ausgang von Wahlen und Referenden in der frankophonen Provinz prägt. Das Prinzip des „the winner takes it all“ bedeutet, dass die Partei des in einem Wahlkreis unterliegenden Kandidaten keinerlei Stimmen erhält, unabhängig davon, wie hoch ihr Stimmenanteil war. Das Resultat sind komfortable – und verzerrende – Mehrheiten.

Wir werfen einen Blick auf das epochale Referendum von 1995. Unvergessen der verärgerte, angezählte Jacques Parizeau, dem das Eingeständnis seiner knappen Niederlage spät in der Nacht entglitt. Erstaunlich, welches Trauma dieses Datum für die Separatisten noch heute bedeutet. So war sich Lucien Bouchard nicht zu schade, im Februar 2015 im Youtube-Kanal „Chaîne du Québec“ Auszüge seiner Rede vorzutragen, die er für den siegreichen Abend vorbereitet hatte (*https://bit.ly/395Lu7s*).

Sir Nicolas Bayne hat das Referendum in seiner Zeit als Diplomat miterlebt und ist sich heute sicher, dass die Remainers in der Brexit-Kampagne hätten aus dem Ereignissen von 1995 lernen können, als eine Großdemonstration unmittelbar vor dem Entscheidungstag höchstwahrscheinlich den Ausschlag gab für die unentschiedenen Wähler und solche, die sich hatten enthalten wollen.

Les Perreaux hat uns seinen Bericht zum Wahlsieg der Coalition Avenir Québec (CAQ) von 2018 überlassen, einer weiteren Zeitenwende. Seither wird das öffentliche Leben Québecs von einer Partei dominiert, die die Frage nach der Unabhängigkeit der Provinz für irrelevant erklärt hat und eine Art „Make Québec great again“-Kampagne fährt. Das Zustandekommen der CAQ trägt die Züge anderer populistischer Bewegungen und belegt, dass die Provinz vom Zeitgeist getrieben ist.

Wolfgang Klooß zeigt in seinem Beitrag auf, dass Kanada ohne Québec schlichtweg nicht vorstellbar ist oder bestenfalls ein zweites Nordamerika wäre. Von allen Reibereien abgesehen ist es die besondere Mischung unterschiedlicher Kulturen in einer Art Mosaik, die Kanada zu dem machen, was wir schätzen.

Aus besonderem Anlass bringen wir außerdem den Abschlussbericht des WSP-Studenten Dieter Lünstroth, der vor genau 50 Jahren mit der DKG in Kanada war.

Viel Freude bei der Lektüre!

Ihre

Ulrike Rausch ist Mitglied des Vorstands der DKG und Mitherausgeberin des DKG-Journals. Seit vier Jahren arbeitet sie in Norwegen.

Underground City, Montréal

MULTILINGUALE METROPOLE MONTRÉAL – EIN FREMDKÖRPER IN QUÉBEC?

(ur) Rund 90 Prozent aller Einwanderer in der Provinz Québec siedeln sich in Montréal an, was die Stadt nachhaltig prägt. Viele Immigranten haben einen frankophonen Hintergrund, viele beherrschen noch mindestens eine weitere Sprache. In den vergangenen Jahrzehnten hat sich Montréal zu einem Ort entwickelt, wo unterschiedliche Kulturen harmonisch koexistieren. „Montréal does its own thing", sagt Jack Jedwab, Direktor der Association for Canada Studies (ACS) und des Metropolis Canada-Instituts (ACS-Metropolis): "Relations between people are good. Montréalers keep politics at bay, they are essentially tuning it out."

Jedwabs Think Tank hat seinen Sitz in Montréal, von wo er zahlreiche Auftraggeber im öffentlichen und privatwirtschaftlichen Raum mit Meinungsbildern versorgt. Als sich die amtierende Provinzregierung im November 2020, also mitten im ersten Jahr der Pandemie, dazu veranlasst sah, auf einen Zeitungsartikel zu reagieren, mit dem die unselige Bonjour/Hi-Debatte wieder auflebte, beauftragte das ACS eine Umfrage.

Im Zentrum der Aufregung steht Bill 101, die Charta der französischen Sprache, mit der im Jahre 1977 Französisch als Mehrheitssprache in Québec und als Amtssprache der Landesregierung festgeschrieben wurde. Seither wurde die Charta bereits sechsmal modifiziert, immer politisch motiviert und innerhalb Québecs umstritten. Ausgangspunkt für die geforderten Reformen ist jeweils die behauptete Gefährdung der französischen Sprache – vornehmlich in den Restaurants und Geschäften Montréals, wo Kunden mit

“Bonjour, Hi” begrüßt werden (oder gar Cappuccino auf der Speisekarte steht). Diese Debatte ist nicht neu und für viele Montréaler unter 30 irrelevant. Sie bewegen sich mit Leichtigkeit zwischen beiden Sprachen. Simon Tousignant, Rapper aus Montréal und Teil des Duo ST x LIAM, textet in seinem Track “Bonjour, Hi” die Zeilen: “J’twist les langues comme un French kiss / Molière et Shakespeare dans mon setlist.”

Seit Jahren legen die Analysen von Statistics Canada nahe, dass solide 94 Prozent aller Québecer am Arbeitsplatz Französisch gebrauchen. Doch es gibt sie eben, die schleichende Zweisprachigkeit, mit der sich leicht an die Urängste frankophoner Québecer in anderen Teilen der Provinz appellieren lässt. Jack Jedwab erklärt, dass eine positive Einschätzung sprachlicher Vielfalt einhergeht mit einer positiven Bewertung kultureller und religiöser Diversität. Oder eben umgekehrt. Mit Bill 21 untersagte die Regierung Québecs im Sommer 2019 Angestellten des Staates, darunter auch Lehrern, das Tragen religiöser Symbole am Arbeitsplatz. Hinter der vordergründigen Initiative zur Aufrechterhaltung des Prinzips der Laizität steht das politische Ausschlachten gewisser xenophober Ängste in der Bevölkerung, symbolhaft verdichtet im Bild einer Lehrerin mit muslimischer Kopfbedeckung.

Eine im Dezember 2020 von Léger Marketing im Auftrag des ACS durchgeführte Umfrage mit 1.528 Teilnehmern, darunter 377 Québecern, untersuchte das Image Montréals in Zusammenhang mit der Haltung zu Zweisprachigkeit und Multikulturalismus. 78 Prozent aller Befragten bekundeten eine positive Sicht auf Montréal, rund 21 Prozent hingegen eine negative Einschätzung. Die Wertschätzung für die Metropole war unter den Befragten am größten, für die kulturelle und sprachliche Vielfalt positive Werte darstellen. Eine negative Haltung zur eigenen Stadt war mit 19 Prozent unter der befragten französischsprachigen Bevölkerung Montréals besonders ausgeprägt. Jack Jedwab konstatiert zwei widerstreitende Visionen Montréals: “There is one in which Montréal has a predominant French character and a lot of diversity – and another that wants Montréal to look a bit more like the rest of Québec. There’s the zero-sum view of Montréal in which identities are inevitably competing with each other – and the view that identities reinforce and strengthen each other.”

Metrostation Square-Victoria–OACI

Während Bill 21 beim obersten Gericht Québecs liegt, fischt die Provinzregierung weiter mit Klischees. Den englisch-sprachigen und indigenen Einwohnern der Provinz wird versichert, dass ihre Rechte gewahrt würden, während die übrigen kulturellen und religiösen Minderheiten den Prozess mit Argusaugen beobachten. Die erneute Referenz auf die Montréaler Bonjour/Hi-Debatte hat sich jedenfalls nicht bewährt. Im Dezember 2019 legte Radio-Moderator Aaron Rand seine "Bonjour/Hi" T-shirt-Aktion auf, die Teils Protest, teils Fundraiser zu Gunsten des Montréal Gazette Christmas Funds war. Sein Online-Shop unter dem Namen Historic Québec Anglos ist unverändert aktiv, übrigens „Powered by Shopify".

Jack Jedwab von der ACS ist bestrebt, der Sprachenproblematik faktenbasiert nachzugehen. Er gesteht den frankophonen Québecern zu, sich um den Erhalt ihrer Sprache Gedanken zu machen, aber eben nicht als Teil eines Nullsummenspiels. Das Material von Statistics Canada liefert keine belastbare Grundlage für das Argument einer graduellen Anglisierung Québecs. Laut Jedwab gilt es drei Determinanten zu beachten: Erstens der behauptete Rückgang der frankophonen Bevölkerung insbesondere auf der Insel Montréal (im Unterschied zur Wirtschaftsregion, Grand Montréal genannt). Die angebliche Minorisierung französischsprechender Québecer auf der Ile de Montréal durch die lokale englischsprachige Bevölkerung ist ein Stereotyp, welches der politischen Verunsicherung dient, aber einer Faktenbasis entbehrt: Jedem englischsprachigen Bewohner der Insel stehen mehr als doppelt so viele frankophone Montréaler gegenüber.

Zweitens gilt es den Anteil der Québecer Bevölkerung in den Blick zu nehmen, die weder Englisch noch Französisch als erste Sprache spricht. Knapp 80 Prozent aller Québecer haben Französisch als Muttersprache. Der Anteil frankophoner Immigranten lag vor der Pandemie bei jährlich 20 Prozent. Etwa 10 Prozent der Québecer haben Englisch zur Muttersprache (bei einer jährlichen anglophonen Zuwanderung von 3 Prozent). Rund 13 Prozent aller Québecer sind Allophone, also Einwohner, die weder Französisch noch Englisch als Muttersprache sprechen. Dies war auch der Fall bei 80 Prozent aller Immigranten, die vor der Pandemie in Québec eintrafen. Wenn überhaupt, so sind es diese Bevölkerungsgruppen, denen der Gebrauch des Französischen zusetzt, nicht die Anglophonen, von denen rund ein Drittel die Provinz nach fünf Jahren wieder verlässt.

Gaspé

Bleibt das Argument eines angeblichen Rückgangs des Französischen am Arbeitsplatz. Seit 2006 ist dieser in der Tat leicht rückgängig. Parallel hierzu ist jedoch der beruflich motivierte Gebrauch des Französischen durch Immigranten deutlich angestiegen. Gleiches gilt für Anglophone und Allophone. Entsprechend deutet ein leichter Rückgang beim Gebrauch des Französischen eher auf eine Anglisierung der lokalen und globalen Arbeitswelt als auf eine linguistische Umzingelung der Provinz hin.

Auf absehbare Zeit wird sich am gefühlten bzw. behaupteten Gegensatz zwischen der Metropole und dem Rest der Provinz wenig ändern. Laut Zensus von 2021 wohnen knapp 1,8 Millionen Menschen auf der Ile de Montréal. 4,3 Millionen, also die Hälfte aller Québecois, sind es in Grand Montréal, übrigens der zweitgrößten urbanen Region Kanadas nach Greater Toronto. Der Herzschlag der multikulturellen Metropole wird in der gesamten Provinz vernommen, am lautesten indessen in Québec Ville, wo sich die amtierende Regierung befindet, deren Stammwählerschaft im ländlichen Québec wohnt.

INTERKULTURELLE KREATIVITÄT UND MIGRANTISCHES UNTERNEHMERTUM IN MONTRÉAL

The Color of Business, Montréal

Innovationsfähigkeit von Gesellschaften

Die Zukunft von Gesellschaften wird maßgeblich von ihrer Innovationsfähigkeit bestimmt. Gelingt es Regionen oder großen Städten wie Montréal gestalterisch mit vorhandenen Ressourcen wie Wissen oder Kapital umzugehen? In diesem Beitrag verdeutlichen wir auf Basis eigener Forschungsergebnisse, dass Montréal aufgrund von Mehrsprachigkeit, Internationalität und Interkulturalität einen außergewöhnlichen Nährboden für Kreativität und Innovation darstellt. Dabei spielen migrantische Unternehmer eine wichtige Rolle für Innovation und gesellschaftliche Entwicklung.

1. Montréal als kreative Stadt

Städte sind zentrale Orte von Kreativität und Innovation, weil sich viele qualifizierte Menschen in Ökosystemen aus Unternehmen, öffentlichen Verwaltungen, Universitäten und Forschungseinrichtungen vereinen und Wissen austauschen. Dies bringt Impulse für innovative unternehmerische Wertschöpfung. Die Forschung bezeichnet dieses Phänomen als kreative Städte. Montréal mit 4,3 Millionen Einwohnern im Ballungsraum zählt zu diesen kreativen Städten: Montréal bildet eine Schnittstelle europäischer Tradition und nordamerikanischer Moderne, Staat und Markt, Regionalismus und Internationalisierung, anglophonem und frankophonem Kanada, sowie Indigenen und Einwanderern. Dieses Zusammentreffen kultureller Vielfalt spiegelt sich in Produktinnovationen wie Wonder-Bra, Crocs und Motorschlitten wider, sowie in künstlerisch-technologischen Innovationen, wie dem Cirque du Soleil. Montréal ist außerdem das weltweit fünftgrößte Videospielentwicklerzentrum und mit der McGill University und der Université de Montréal ein weltweit bedeutender Hub für Künstliche Intelligenz.

Als Erklärung für die interkulturelle Kreativität Montréals dienen drei bedeutende Entwicklungsimpulse ab Mitte des 20. Jahrhunderts: Erstens ging von der

Révolution Tranquille (1960-1966) ein entscheidender Auslöser der Internationalisierung von Québec und vor allem von Montréal aus. In dieser gesellschaftlichen Umbruchs- und Modernisierungsphase fällt auch die Gründung des heutigen Ministère des Relations Internationales et de la Francophonie, das mit Auslandsvertretungen eine Kultur- und Industriepolitik betreibt, die sich insbesondere auf neue Technologien konzentriert. Zweitens ermöglichten internationale Großveranstaltungen, wie die Weltausstellung Expo 67 im Jahre 1967 und die Olympiade 1976, eine Weltöffnung: Die bis dahin recht ‚provinzielle' Metropole wurde zu einer kosmopolitischen Metropole. Drittens entwickelte sich die Québecer Multikulturalität aus der anglophon-frankophonen Zweisprachigkeit Kanadas, der Stellung der First Nations und der aktiven Einwanderungspolitik. Die besondere interkulturelle Kreativität Montréals ist also das Ergebnis einer Kombination verschiedener historischer und sozialer Phänomene. So finden migrantische Unternehmen im Montréaler Ökosystem Ideen- und Perspektivvielfalt für Gründungen und Entwicklung ihrer Geschäftstätigkeit vor.

„Zweisprachigkeit ist wichtig. Die meisten Menschen in Montréal sprechen sowohl Französisch als auch Englisch, was zwei verschiedene Arten sind, Dinge zu erklären. Französisch braucht viele Wörter, viele Sätze, also zwingt es, Lücken zu füllen. Ganz anders „the English way": Er ist direkt. Ein Absatz auf Französisch, benötigt im Englischen nur einen Satz. Es sind also zwei Mentalitäten, aber eine gute Mischung."

„Es ist sehr interessant, diese interkulturelle Seite. Das ist etwas, das in Montréal sehr präsent ist und das auch dazu führt, das Berufs- und Privatleben zu bereichern."

„Ich denke, es ist eine Chance, denn in Montréal hat man einen frischen Blick. Ich kann hier viel mehr neue Ideen für Unternehmen und Projekte entwickeln und Dinge tun, als in der Vergangenheit."

Aussagen von Unternehmern zu Montréals Multikulturalität als stimulierender Kontext von Kreativität

2. Einwanderung und Multikulturalität in Montréal

Die beschriebene Einwanderung führt zur kulturellen Vielfalt, aus der mittlerweile auch viele interkulturelle Personen hervorgehen. Dies ist durch die seit Jahrhunderten bestehende Co-Existenz anglophoner und frankophoner Québecer begründet, die zwar teilweise in Stadtvierteln eher nebeneinander leben, sich aber auch aufgrund von Arbeits-, Familien- oder Freundschaftsbeziehungen begegnen und damit bikulturell und bilingual sind: etwa 55 % der Bürger sind zweisprachig.

Ganz in der Tradition Kanadas und Québecs, betreibt Montréal eine strategisch ausgerichtete Einwanderungspolitik von qualifizierten Migranten. So existieren schon seit vielen Jahrzehnten ein Ministerium, das für die Einwanderung und Integration zuständig ist, das Ministère de l'Immigration, de la Francisation et de l'Intégration, sowie verschiedene privatwirtschaftliche Organisationen, die qualifizierte Migranten nicht nur anwerben, sondern auch entsprechend bei ihrer Gründung und gesellschaftlichen Integration begleiten, so zum Beispiel Montréal Cowork oder BridgeMTL. Eine Initiative, die migrantisches Unternehmertum zwischen Quebec und Bayern fördern will, ist die Intercultural Entrepreneurship Community. Bavaria & Québec.

3. Kreativität als Ressource von Migranten

Einen besonderen Stellenwert zur Schaffung von Kreativität nehmen Personen ein, die bikulturell bzw. interkulturell sind. Das Interkulturelle entsteht durch die Verinnerlichung mindestens zweier Kulturen, in denen diese Personen sozialisiert wurden. Wie auch in den USA und zunehmend in Europa beruhen viele Innovationen und Unternehmensgründungen auf der Leistung von Migranten. Migrantische Unternehmer sind Personen, die aus einem anderen Kulturkontext stammen und ihre vielfältigen fachlichen, sprachlichen und interkulturellen Kompetenzen durch ihre unternehmerische Aktivität in die Aufnahmegesellschaft einbringen. Sie weisen komplexere Denkmuster als Personen mit nur einer internalisierten Kultur auf und sind in der Lage verschiedene kulturelle Bezugsrahmen zu verändern. So nehmen sie die Welt aus verschiedenen Perspektiven wahr, was Kreativität fördert. Scheinbar gegensätzliche Werte, Ideen oder Praktiken können integriert, alternative Perspektiven eingenommen und damit ein „sowohl-als-auch"-Denken kreativ genutzt werden. Dieser Aspekt von Interkulturalität ist am unmittelbarsten mit Kreativität verbunden.

Montréal als Impulsgeber für interkulturelle Kreativität

Es wurde deutlich, dass Kreativität und Innovationen in Montréal, die häufig auch von migrantischen Unternehmern gefördert werden, aus dem Spannungsfeld frankophoner und anglophoner kultureller Einflüsse entstehen, sowie aus der Internationalität einerseits und der Zuwanderung und der damit einhergehenden Multikulturalität anderseits. Diese kulturelle Vielfalt trägt zu einer besonderen Entwicklung von Kreativität und Innovation bei. Bildungseinrichtungen leisten hier einen wichtigen Beitrag, um Schüler und Studierende für Gründungsaktivitäten zu sensibilisieren und zu unterstützen. Gründerzentren ermöglichen die Entwicklung und den Austausch von kreativen Ideen. Da auch andere Großstädte immer mehr durch Multikulturalität geprägt sind und sich zu kreativen Städten wandeln, kann Montréal als First Mover und zukunftsweisender Impulsgeber von Good Practices zur interkulturellen Kreativität gelten.

Prof. C. Barmeyer, Prof. K. Kuyken und S. Großkopf in Montréal

Prof. Dr. Christoph Barmeyer ist Inhaber des Lehrstuhls für Interkulturelle Kommunikation an der Universität Passau und forscht zu interkulturellen Organisationen und interkulturellem Unternehmertum.

Sina Großkopf (M.Sc.) ist wissenschaftliche Mitarbeiterin am Lehrstuhl für Interkulturelle Kommunikation und beschäftigt sich mit Interkulturalität von Migranten in Organisationen.

Prof. Dr. Kerstin Kuyken ist Professorin für Unternehmertum und Innovation an der Fakultät für Management an der ESG-UQAM.

Kreative Symbole Montréals

EIN KLARES „JEIN" ZU KANADA: QUÉBECS AMBIVALENZEN

Montréal

Niemand redet mehr von der Unabhängigkeit Québecs. Bei der Wahl im Oktober 2018 spielte das Thema so gut wie keine Rolle. Mit dem Sieg des konservativen François Legault begann eine neue Ära, nachdem seit den 1970er Jahren der Parti Libéral du Québec (PLQ) und der Parti Québecois (PQ) abwechselnd die Regierung gestellt hatten. Gleichwohl läßt sich aus der Niederlage der traditionellen Souveränistenpartei nicht schon auf das Ende der Unabhängigkeitsoption schließen. Das in Nordamerika herrschende Mehrheitswahlrecht verzerrt nicht nur das Ergebnis von Wahlen, da die Stimmen der unterlegenen Kandidaten unter den Tisch fallen, es wirkt sich auch auf die Wahlentscheidung selbst aus. Zum einen tendieren die Wähler in sicheren Hochburgen dazu, erst gar nicht zur Wahl zu gehen, zum anderen stimmen viele taktisch ab und nicht gemäß ihrer Präferenz. Wahlverlierer waren der PQ, aber ebenso die traditionell anti-souveränistischen Liberalen, während der linke souveränistische Québec solidaire (QS) und die rechte nationalistische Coalition Avenir Québec CAQ, die ebenfalls die Québecer Eigenständigkeit betont, starke Zugewinne verzeichneten. Insofern sind Wahlen ein schlechtes Indiz für die Zukunftschancen der Unabhängigkeitsoption. Nur ein Blick in die Geschichte erklärt, warum diese ein Grundpfeiler der Québecer Identität ist.

Québec ist nämlich älter als Kanada. Zu Beginn des 17. Jahrhunderts gründeten Franzosen an der Alantikküste Akadien und am Sankt-Lorenz-Strom die Städte Québec und Montréal und betrieben mit den Indigenen Pelzhandel. Anfang des 18. Jahrhunderts hatten sie den größten Teil Nordamerikas bis zum Mississippi erkundet und für ihren König reklamiert. Aber anders als Neufrankreich wuchsen die englischen Kolonien schnell. Der Siebenjährige Krieg (1756–1763),

Kiez

der mit der Deportation der französischsprachigen katholischen Akadier begann, besiegelte die britische Eroberung Neufrankreichs. Nur wenig später jedoch verloren die Briten ihre 13 Ostküsten-Kolonien, die sich (1776) für unabhängig erklärten. Die „Loyalisten", treue Untertanen ihrer Majestät, wanderten daraufhin in die „Provinz Québec", wollten sich aber nicht der dortigen französischsprechenden Mehrheit unterordnen, der die Briten bestimmte Rechte belassen hatten, um sich während der Rebellion der 13 Kolonien den Rücken frei zu halten.

Man teilte also Québec und gab den Loyalisten eine eigene Provinz: Oberkanada (das künftige Ontario); den Frankophonen blieb Unterkanada (das künftige Québec). Beide forderten 1837 und 1838 vergeblich mehr Demokratie und Selbstbestimmungsrechte, in Unterkanada („Revolte der Patrioten") gab es sogar Forderungen nach einer unabhängigen Republik. Die britische Krone beschloss in der Folge eine forcierte Assimilierung der Frankophonen durch die Zusammenlegung der beiden Provinzen (1840) zu einer, in der die Anglokanadier inzwischen die Mehrheit hatten. Aus diesen sowie dem verbliebenen Akadien (Neuschottland, Neu-Braunschweig) wurde 1867, ohne die Zustimmung der Bevölkerung einzuholen, die kanadische Konföderation gebildet, die sich im Zuge der Industrialisierung weiter nach Westen ausdehnte.

Während die Industrie mit englischem Kapital prosperierte, stellten die Frankokanadier das Proletariat. Sie lebten unter einer doppelten Herrschaft – ökonomisch und politisch unter den Briten, in allen anderen Belangen des täglichen Lebens unter der katholischen Kirche. 1890 wurde in Manitoba Französisch als Amtssprache abgeschafft und 1912 verbannte auch Ontario es aus den Schulen. Die beiden Weltkriege vertieften den Graben zwischen Frankophonen und Anglophonen, da die Québecer eine Wehrpflicht in der britischen Armee ablehnten.

Nach dem Krieg und einem kurzen liberalen Intermezzo herrschte in der Provinz zunächst wieder die „Große Dunkelheit", ein klerikal-konservatives politisches System und eine ökonomische und soziale Dominanz durch die britische Oberschicht. Aber die „Stille Revolution" der 1960er Jahre leitete dann eine schnelle und tiefgreifende Modernisierung Québecs ein. Das wachsende Selbstbewusstsein der Frankokanadier fachte den Willen zur Unabhängigkeit erneut an, der legendäre Ausruf De Gaulles „Vive le Québec libre" am 23. Juli 1967 vom Balkon des Montréaler Rathauses fand stürmischen Beifall. Die Provinz begann, durch die Gründung eigener Vertretungen (inzwischen sind es 32 in 18 Ländern) eine eigene Außenpolitik zu betreiben. Französisch wurde 1974 offizielle Amtssprache Québecs und mit der Charta der französischen Sprache (1977) die Sprache aller relevanten Bereiche, vom Strassenbild bis zur Schule – allerdings mit Ausnahme der englischsprachigen Minderheit, der bis heute ihre eigenen Institutionen garantiert sind. Eine kanadische Kommission zum Bilingualismus und Bikulturalismus hatte bereits 1965 auf die Notwendigkeit hingewiesen, Québec als gleichberechtigte Nation anzuerkennen, um den Bruch der kanadischen Föderation abzuwenden. Daher wurde Kanada 1969 offiziell zweisprachig.

Nach fruchtlosen Einigungsversuchen kam es 1980 zum ersten Referendum über die Unabhängigkeit Québecs. Kanadas Premierminister Pierre Trudeau versprach eine Verfassungsreform zugunsten Québecs und erreichte, dass der Volksentscheid in einem klaren Nein zur Trennung von Kanada mündete. Tatsächlich jedoch plante er eine einseitige Repatriierung der Verfassung aus London (also deren Verabschiedung im kanadischen Parlament) unter Umgehung der Provinzen, was zunächst zu deren Widerstand führte. Schließlich einigte sich der Premierminister jedoch– nächtens und hinter dem Rücken Québecs – mit den anderen Provinzregierungen. Die kanadische Verfassung von 1982 ist seither in Kraft, wenn auch ohne Québecs Unterschrift. Nachdem zwei weitere Kompromisslösungen scheiterten, gewann der souveränistische PQ 1994 erneut die Wahlen und organisierte 1995 ein zweites Referendum mit dem Ziel, für Québec eine Eigenstaatlichkeit im Rahmen einer Kooperation mit Kanada zu erwirken. Die Abstimmung ging denkbar knapp aus: 49,42 Prozent stimmten für, 50,58 Prozent gegen die Unabhängigkeit – ein Ergebnis, das keinen Gewinner hervorbrachte und kein Problem löste. Zehn Jahre später konstatierte eine parlamentarische Untersuchungskommission Unregelmässigkeiten, die zum Rücktritt des kanadischen Premierministers Paul Martin führten. Aber das Rad liess sich nicht zurückdrehen. Zum Trost erkannte 2006 die kanadische Nationalversammlung Québec symbolisch als Nation an.

Halloween in Québec

Der Blick der Québecer auf ihre Geschichte ist ambivalent: manche sehen sich als ewiges Opfer. Andere betonen, dass so manche Niederlage sich am Ende in Fortschritt verwandelt hat. Haben die Québecer ihre kulturelle Unabhängigkeit und ihre Sprache nicht erfolgreich verteidigt? Ist nicht die Demokratie, die die Patrioten Unterkanadas vergeblich gefordert hatten, letztlich doch erreicht worden? Wäre Kanada ohne die ständige Herausforderung durch Québec heute zweisprachig, multikulturell und so sympathisch? Ob Québec ein Land im Sinne eines unabhängigen Staats werden sollte, darüber gehen die Meinungen auseinander. In Umfragen zeigt sich je ein Viertel als grundsätzlich pro bzw. contra Unabhängigkeit. Die Hälfte ist nicht entschieden, hier käme es auf die konkrete Situation an. Es gibt aber kaum jemanden, dem die Frage gleichgültig ist. Und für so gut wie alle Québecer, egal welcher Couleur, steht fest, dass Québec eine Nation ist.

Prof. Dr. Helga Bories-Sawala Als Professorin (i. R.) für die Geschichte Frankreichs und der Frankofonie und Gründerin des Bremer Instituts für Kanada- und Québec-Studien bleibt die Historikerin Helga E. Bories-Sawala in der Québec-Forschung aktiv, findet nun aber auch mehr Zeit für Ihr Hobby: das Fotografieren.

Jacques Parizeau 2009

SO NEAR AND YET SO FAR: THE 1995 QUEBEC REFERENDUM IN PERSPECTIVE

On Monday 30 October 1995, the people of Quebec voted in yet another referendum (the third on a series after 1980 and 1992) on whether to remain part of Canada. The turnout was extremely high, at 93 per cent. 49.4 per cent voted Yes, i.e. to separate; 50.6 per cent voted No. Quebecers decided to stay in Canada by a margin of barely one per cent. Yet over 25 years later, Canada is still united.

In 1993, the Conservatives went into federal elections, with uncertain prospects. Against a sentiment of deep public frustration across the country, coupled with a recession, the Canadian people held Mulroney's government responsible and punished it by the means at hand. The Conservatives won only two seats. The Liberals came back into power, under Jean Chrétien as prime minister.

But the Liberals did not do well in Quebec. Most seats went instead to a new party, the Bloc Québécois (BQ), a federal manifestation of the provincial Parti Québécois (PQ). The BQ was founded and led by Lucien Bouchard, whom Mulroney had brought into politics as part of his campaign to reconcile Quebec. He had won a Conservative seat in Quebec and joined Mulroney's second cabinet. Yet after Meech Lake and hence the promise to reconcile Quebec to the rest of Canada were rejected in 1992, he broke with Mulroney and joined the separatist camp. His BQ won so many seats as to be the second party in the federal parliament and form the official opposition.

Within the province of Quebec, the Parti Québécois returned to power in September 1994. Jacques Parizeau, the new premier, declared he would hold a referendum on Quebec sovereignty within a year. He intended Quebec to move directly to independence. Parizeau claimed it could still use the Canadian dollar, enjoy dual citizenship, and be grandfathered in the North American Free Trade Agreement (NAFTA). He was convinced that Quebec would prosper in those conditions and commissioned economic studies to prove it, though he suppressed those that disagreed with him. In his view, there was no turning back if a majority voted for sovereignty.

However, not all PQ members were as militant as Parizeau. There was also a more moderate wing, led by Bouchard, who wanted the referendum to trigger negotiations with the federal government. After much debate, the party agreed to hold its referendum on Monday 30 October 1995, with a long question that combined both views:

"Do you agree that Quebec should become sovereign, after having made a formal offer to Canada for a new economic and political partnership, within the scope of the Bill respecting the future of Quebec and of the agreement signed on June 12, 1995?"

The final phrase referred to a pledge that post-referendum negotiations must be complete within a year; Parizeau had insisted on this.

As the referendum approached, Daniel Johnson, who now led the Quebec Liberals, kept his head , believing that the PQ would run themselves into the ground. On the federal government side, Chrétien wanted to avoid the mistakes made by Trudeau and Mulroney. He chose to adopt a low profile, convinced that the good sense of his fellow Quebecers would produce the right answer.

For a long time, this looked like the right strategy. Parizeau was not a good public advocate for his cause. He reassured committed separatists but did not win over the undecided. Opinion polls showed support for Yes (i.e. separation) at barely 45 per cent in early October, a month before the vote. Then Parizeau handed over

Lucien Bouchard 2009

the campaign to Lucien Bouchard, which changed everything.

Bouchard had many assets. As a moderate separatist, he believed many Quebecers were not ready for a single leap into independence; they would prefer a transitional process before they took this irrevocable step. This attitude brought into the separatist camp supporters of the small Action Démocratique du Québec, led by Mario Dumont. Bouchard was personally popular in Quebec. As a survivor of a flesh-eating disease, he had become a sort of secular saint. Finally, he was a magnetic orator and attracted vast crowds to his public rallies.

Opinion polls now moved rapidly in the separatists' favour. With ten days to go they were showing the Yes side ahead, by 54 per cent to 46 per cent, having gained seven points in a week. The federal strategy was close to collapse and there was panic in Ottawa.

Chrétien decided he must take over the campaign. Speaking in Montreal, he promised 'a new deal' that would confirm Quebec as a distinct society and increase provincial powers. Meanwhile, concern mounted across the country. Chrétien's ministers from outside Quebec overrode his order to keep silent and mounted a vast demonstration in Montreal, three days before the vote. This attracted a crowd over 100,000 strong and was attended by Chrétien, Johnson and four provincial premiers. The rally put over the message that the rest of Canada wanted Quebec to stay.

On referendum day, Parizeau and Bouchard, convinced they would win, were drafting their victory speeches. The rural francophone districts reported first. Suspense grew as the Yes votes built up a dangerous lead. The Montreal results only began to come in after 10pm. The No votes inched up the dial to just past the total for Yes. The disappointment proved too hard for Parizeau to bear, and he publicly blamed his defeat on 'money and the ethnic vote'. He resigned at once as premier after this racist comment, as he had always intended to do if the vote went against him.

Consequences of a Yes vote

There has been much speculation about this. Chrétien would likely have contested the result and launch a legal challenge to it, especially if the margin was small. If Parizeau declared Quebec independent unilaterally, Chrétien would deny his right to break up Canada.

On his side, Parizeau had anticipated that Chrétien would play for time and had lined up measures designed to force his hand. The Quebec provincial assembly would meet at once to endorse the referendum result. A supportive letter from local dignitaries would be published. Canadian soldiers stationed in Quebec would be invited to join the new Quebec army. Even before the vote all embassies in Ottawa were being lobbied to extend diplomatic recognition.

Parizeau believed his trump card was a pledge by President Jacques Chirac that France would at once recognize Quebec as an independent state and encourage other francophone countries to do so.

Reasons for the result

In my view the Yes side was indeed heading for victory, until events in the last few days brought out a late surge in No voters that the polls did not catch. Until the Montreal rally, no one had shown Quebecers what they gained by remaining in Canada, as part of this wider community. The rally served to dramatize the choice facing Quebec. Its positive and emotional message might not have changed people's minds. But it encouraged those still undecided, who would have stayed at home, to turn out and vote No. These were just enough to tip the scale and produce the exceptional level of votes cast. Justin Trudeau, then a student at McGill University, now Canadian Prime Minister, was at the rally and reached similar conclusions. He felt it was a seminal event, whose impact outlasted the cam-

Jean Chrétien et Daniel Johnson, Unity Rally, Montréal, 27 Oktober 1995

paign, and provided 'an opportunity for Canadians to express their attachment to Quebec'.

Why is Quebec still in Canada?

After the nail-biting referendum result, many observers thought Quebec was bound to leave Canada eventually. Francophone Quebecers made up 80 per cent of the population and nearly 60 per cent of them had voted to separate. There had been a steady outflow of English speakers and other non-francophones since 1980 and this gathered speed right after the referendum. It looked as if demographic trends would deliver the province to the separatists in a few years' time. Yet that did not happen.

Maybe the single-biggest factor was voter fatigue. Lucien Bouchard quickly replaced Parizeau as Quebec premier. He was widely expected to call new elections, followed very soon by another referendum. But Bouchard did not want another referendum unless he knew he could win it. Quebecers had endured non-stop politics for four years – a referendum, federal elections, provincial elections and another referendum. He could not rely on them turning out again; they needed a rest.

Bouchard also wanted to delay until Quebec was strong enough to thrive on its own. Public finances in Canada, both federal and provincial, were heavily indebted. Paul Martin had imposed deep public spending cuts to balance the Canadian budget and reduce the burden of federal debt. Quebec had the largest provincial debt in relation to its size. Bouchard made the restoration of healthy finances and buoyant economic growth his priority.

In the event, Bouchard never felt strong enough to launch another referendum, though he was re-elected in 1998. Nor did his successor Bernard Landry, a close ally of Parizeau. This was because Jean Charest, elected in 1993 as the sole federal Conservative in the province (and present at the Montreal rally), had become leader of the Quebec Liberals and revived their fortunes. In 2003, after the usual nine years in power, the PQ lost power to the Liberals and Charest took over as premier. This suggested that the Quebec population was no longer hooked on separation. Lucien Bouchard, who had sought to divide Canada, in fact ended by keeping Quebec within it.

Nicholas Bayne KCMG was a British diplomat for 35 years. He served as Ambassador in Kinshasa, UK Representative to the OECD and Economic Director General at the Foreign and Commonwealth Office. He was British High Commissioner to Canada from 1992 to 1996. He now teaches in a graduate course on 'Economic Diplomacy' in the International Relations Department of the London School of Economics. His observations were first published in the London Journal of Canadian Studies in 2017.

Impressum
Das DKG-Journal ist die Mitgliederzeitschrift der Deutsch-Kanadischen Gesellschaft e.V. (Amtsgericht Köln 43 VR 9965). Geschäftsstelle: Innere Kanalstr. 15, 50823 Köln, Deutschland, Telefon: +49 221 2576 781, E-Mail: info@dkg-online.de, Internet: *www.dkg-online.de.*
Vorstand: Stefan Rizor, Köln; Bernd Brummermann, Lemgo; Martin Gutsch, Kaarst; Hannes Weiland, Starnberg; Dr. Ulrike Rausch, Düsseldorf; Felix Hilgert, Köln; Robin Arens, Berlin
Redaktion: Dr. Ulrike Rausch (ur), Verantwortlicher Redakteur, V.i.S.d.P. § 55 Abs. 2 RStV, Dr. Georg Schmitz, Kirchheim, Prof. Dr. Wolfgang Klooß, Trier (wk).
Bildnachweise: abdallahh, Flickr, CC BY 2.0, S. 43; Christoph Barmeyer, S. 46o, 46u; Helga Bories-Sawala, S. 47-49; Can Pac Swire, Flickr, CC BY NC 2.0, S. 58; Brett Hodnett, Flickr, CC BY NC SA 2.0, S. 54u; Alex L'aventurier, Flickr, CC BY NC ND 2.0, S. 44; Dieter Lünstroth, S. 59o, S. 62; Mariannlï, Flickr, CC BY 2.0, S. 50; Ted McGrath, Flickr, CC BY NC SA 2.0, S. 56; Patrick Morrow, S. 59u; Andy Nystrom, CC BY NC ND 2.0, S. 41; Noema Pérez, Flickr.com, CC BY NC SA 2.0, S. 39; posixeleni, Flickr, CC BY NC SA 2.0, S. 42; André Querry, Flickr, CC BY NC ND 2.0, S. 52; Joe Shlabotnik, Flickr, CC BY-NC-SA 2.0 S. 57; Antoine Taveneaux, wikimedia commons, CC BY SA 3.0, S. 51; Offizieller Account von Justin Trudeau, Flickr, CC BY NC SA 2.0, S. 54o;

COALITION AVENIR QUÉBEC WINS HISTORIC MAJORITY

AS VOTERS SOUNDLY REJECT OLD-LINE LIBERALS AND THE PQ

François Legault und Justin Trudeau, 2013

On October 1, 2018, Quebeckers have elected a right-leaning government for the first time since 1966, choosing the upstart Coalition Avenir Québec while soundly rejecting the two parties that governed the province and drove Canadian national unity debates for five decades.

The CAQ, a collection of federalists and former separatists, including leader and long-time politician François Legault, swept vast regions of the province right up to the doorstep of Montreal to win a strong majority.

"Today we made history. Today many Quebeckers set aside a debate that divided us for 50 years. Today many Quebeckers have demonstrated that it's possible to make adversaries from yesterday work together for tomorrow," Mr. Legault said in his acceptance speech.

The results were a historic reversal for a province where the Parti Québécois and Liberals dominated 13 straight elections and fought two referendums on independence that threatened to tear Canada apart. Both suffered record defeats in popular vote.

Mr. Legault considers the CAQ a conservative party, but in many ways, it defies labels and has moved steadily toward the centre. It includes former federal Conservatives, provincial Liberals and ex-péquistes, including Mr. Legault himself. The party campaigned on cutting taxes and immigration levels, but also promised to boost subsidies to the public daycare program to bring it back to an $8 universal fee. It favours maintaining Quebec's carbon-pricing regime. It is pro-choice on abortion but promised to raise the legal age for using marijuana to 21.

Wahlen in Québec 2014

The CAQ's candidates took suburbs near Montreal long held by Liberals and areas of sovereigntist rural heartland that had belonged to the PQ. Only in the big city did they fail to dominate: Montreal was mostly split between the Liberals and the left-wing Québec solidaire, although the CAQ was confirmed in one seat late Monday.

The result was particularly devastating for the PQ, the party which brought Quebec to the cusp of declaring independence with Jacques Parizeau in the 1995 referendum. The PQ, led by Jean-François Lisée, who apprenticed under Mr. Parizeau, was set to lose official party status with fewer than 12 seats. Mr. Lisée lost his own riding.

By 11:30 p.m. on Monday, the CAQ had won or was leading in 74 seats to 32 for the Liberals, 10 for QS and 9 for the PQ. (In the end, the Liberal Party lost 1 seat to the PQ.)

Mr. Legault, 61, renounced sovereignty about six years ago and says Quebec's place is within Canada. But as a nationalist Mr. Legault says he will demand power from Ottawa.

"My first priorities will be around putting more money in Quebeckers' pockets, and second is education. I want to help each and every child with learning difficulties," Mr. Legault said in his final campaign appearance.

Mr. Couillard's Liberals campaigned on the province's hot economy, robust real estate market, record-low unemployment and, according to the Parliamentary Budget Officer, the healthiest long-term outlook for public finances of any province. Voters were not listening.

The campaign launched on Aug. 23, and in the beginning was a match for the lazy summer days. The sovereigntist PQ pledged it would not hold a referendum on independence for at least four years, and the absence of the divisive issue, which had dominated elections since the 1970s, left a void.

The three leading parties tried to fill the space, making small, conventional promises. They pledged to increase spending on improvements to health and elder care and education while balancing budgets. There was little to help the casual follower discern the differences among the plans.

Am 21. Februar 2011 gründen Charles Sirois, milliardenschwerer Akteur in der globalen Telekommunikationsindustrie, und François Legault, ehemaliger Minister des Parti Québécois, eine gemeinnützige Organisation, die Coalition pour l'avenir du Québec. Nach einer provinzweiten Kampagne lassen sie ihre rechtskonservative Aufbruchsbewegung im November 2011 als Partei eintragen. Die neue Partei heißt fortan Coalition Avenir Québec (CAQ). Wenig später schließt sich die 1994 gegründete Action Démocratique du Québec der neuen Partei an, gefolgt von etlichen parteilosen Abgeordneten im Quebécer Parlament. Die Plattform der CAQ umfasst fünf Prioritäten: Verbesserung der Bildung, Schaffung eines zugänglichen und zuverlässigen Gesundheitssystems, Aufbau einer Eigentumswirtschaft, Förderung der Kultur von Québec und Wahrung der Integrität im öffentlichen Leben. Die letzte Priorität ist eine Reaktion auf Absprachen in der Baubranche und möglichen Verbindungen zwischen dieser Branche, organisierter Kriminalität und Parteienfinanzierung.

In Abkehr von seinen früheren Positionen erklärt der ehemalige Separatist Legault, dass seine neue Partei keine Verfassungsposition vertreten werde. Anstatt über Souveränität und Föderalismus zu debattieren, müsse sich Québec mit viel dringenderen Angelegenheiten befassen, u.a. der Begrenzung nicht-frankophoner Zuwanderung. Der Wahlkampfslogan der CAQ ist ein einziges Wort: „Maintenant" (Jetzt). Nach drei Anläufen gewinnt die CAQ am 1. Oktober 2018 die Wahlen in Québec.

Les Perreaux is a national correspondent for The Globe and Mail. He joined the Montreal bureau in 2008 where he covers a range of topics related to Quebec including politics, social issues and life in Canada's French-speaking province. His comments on the elections appeared in the Globe and Mail on October 1, 2018. Follow Les Perreaux on Twitter: *@Perreaux*

Quebec City – Funiculaire

QUÉBECER KRISENMOSAIK

Über die krisengeschüttelten Beziehungen zwischen der Provinz und der kanadischen Zentralregierung, die nachfolgend exemplarisch angesprochen werden, ist viel diskutiert und geschrieben worden. Ausschlaggebend für das einmal mehr, einmal weniger angespannte Verhältnis ist eine historische Entwicklung, die von der Spaltung zwischen den beiden großen Siedlergruppen und der gesellschaftlichen sowie kulturellen Selbstwahrnehmung der französischen und britischen Zuwanderer geprägt worden ist. Auf Seiten der Québécois gehören die andere Sprache, eine andere Kultur und Religion (Katholizismus), vor allem aber die Angst vor einer Assimilation zu den Problembereichen, die das Verhältnis zwischen ihnen und Anglokanada seit jeher belasten.

Aus der Reihe der Konfrontationen im 19. Jahrhundert sei nur auf Lord Durham und seinen denkwürdigen „Report on the Affairs of British North America“ (1839) verwiesen, in dem der Generalgouverneur von „two nations warring in the bosom of a single state“ sprach und den Frankokanadiern eine ethnisch begründete kulturelle Inferiorität attestierte. Er empfahl London eine Assimilationspolitik mit dem Ziel, das weitgehend französische Niederkanada dem dominant britischen Oberkanada einzuverleiben und so auch die englischen Wirtschaftsinteressen zu unterstützen.

Während des Ersten Weltkriegs verschärften sich die Spannungen zwischen den beiden ‚Gründungsnationen‘ erneut. Nachdem sie anfangs noch loyal mit ihren anglokanadischen Landsleuten zusammengestanden hatten, meldeten sich in der Folge zunehmend weniger Frankokanadier als Freiwillige für den Einsatz in Europa. Eine weitgehend ländliche Bevölkerung fühlte sich der eigenen Scholle mehr verbunden als dem Empire. Es wurden nur wenige französischsprachige Einheiten aufgestellt, so dass sich die Québecer Soldaten in der britischen Militärhierarchie marginalisiert fühlten.

Dreißig Jahre später bewog die unübersehbare, im Denken vieler Québécois kaum überbrückbare Kluft zwischen Anglo- und Frankokanada den Schriftsteller Hugh MacLennan dazu, die gesellschaftliche Situation Kanadas im Bild der „zwei Einsamkeiten" einzufangen und einen seiner Romane „Two Solitudes" (1945) zu betiteln. Seither ist der kanadische Zitatenschatz um ein Schlagwort reicher. Was bei dem Romancier zu einer einprägsamen Metapher geriet, hat die kanadische Gesellschaft in ihrer ethnischen Diversität zu kleiner Zeit angemessen abgebildet und ist der sozialen Wirklichkeit gerade auch im Kontext der Masseneinwanderungen nach der Gründung des Dominion (1867) bis zum Ersten Weltkrieg nicht gerecht geworden.

Als Jean Lesage, der Parteiführer der Liberalen, für die Wahlen von 1960 die Parole vom „maître chez nous" (Herr im eigenen Haus) als Slogan ausgab, war die Stoßrichtung der „Stillen Revolution" vorgegeben. Québec durchlief im folgenden Jahrzehnt einen Modernisierungsprozess, der auch eine größere wirtschaftliche Selbständigkeit einschloss.

Einen der traurigen Höhepunkte in den fragilen Beziehungen zwischen der frankophonen Provinz und der kanadischen Konföderation markierten zwei Jahrzehnte danach die Ereignisse im Umfeld des Québec-Besuchs von Charles de Gaulle. Der französische Staatspräsident war 1967 anlässlich der Einhundertjahrfeier Kanadas und der Weltausstellung nach Montréal gereist. Vom Balkon des Rathauses aus sprach er zu Tausenden von Bürgern, die sich in den Straßen der Metropole versammelt hatten. Am Ende seiner Rede rief er einer berauschten Menge die seither ‚in Stein gemeißelten' Sätze zu: „Vive Montréal. Vive le Québec. Vive le Québec libre." Damit hatte sich der General die Rhetorik der Separatisten zu eigen gemacht und Kanada eine Staatskrise beschert. Angesichts der von Premierminister Lester Pearson als Provokation gewerteten Rede de Gaulles kann es nicht wunder nehmen, dass ein geplantes Treffen des Staatspräsidenten mit dem Premierminister abgesagt wurde. De Gaulle hat Ottawa nicht besucht. Andererseits führte diese diplomatische Krise dazu, dass Québec im Folgejahr eine Offensive in seiner auswärtigen Kulturpolitik startete – die Kulturhoheit ist in Kanada Angelegenheit der Provinzen, ähnlich wie dies in Deutschland Ländersache ist – und u.a. Délégations générales du Québec in Paris, London, New York, München etc. einrichtete.

Wesentlich dramatischer verlief dann das Jahr 1970 – das Jahr, in dem in Deutschland die Rote Armee Fraktion (RAF) gegründet wurde. Im Oktober entführte die linksextremistisch-nationalistische Terrororganisation Front de libération du Québec (FLQ) in Montréal den britischen Handelsattaché James Cross. Es gehörte zu ihren Zielen, gegen die noch immer unübersehbare anglokanadische und us-amerikanische (Wirtschafts)dominanz mit Gewalt vorzugehen. Anschließend nahm die FLQ den Québecer Vizepremier und Arbeitsminister Pierre Laporte als Geisel. Premier Robert Bourassa ersuchte daraufhin die Bundesregierung um Hilfe, was Kanadas Premierminister Pierre Elliot Trudeau dazu veranlasste, am 16. Oktober für Québec den Ausnahmezustand auszurufen und das Kriegsrecht zu verhängen. Einige Tage später wurde Laportes Leiche im Kofferraum eines Chevrolet entdeckt. Fast 500 Personen wurden während der Krise festgenommen, ca. 60 von ihnen inhaftiert. Der irisch-kanadische Autor Brian Moore hat diese tragischen Ereignisse in seinem Roman „The Revolution Script" (1971) auf eindringliche Weise literarisch rekapituliert.

Von gewaltsamen Konfrontationen wurde auch die Oka-Krise des Jahres 1990 geprägt. Angehörige der Mohawk-First Nation lieferten sich über knapp drei Monate hinweg militante Auseinandersetzungen

Upside-Down Fleur-de-lis

Metrostation Montmorency

mit der „Sûreté du Québec". Ein Native und ein Provinzpolizist wurden getötet. Ausgangspunkt war das Ansinnen der im Westen Montréals gelegenen Gemeinde Oka, einen Golfplatz auf Land zu erweitern, das die Mohawks u.a. als Begräbnisstätten ihrer Ahnen beanspruchten. Als die Situation eskalierte, kam es zum Einsatz der kanadischen Armee, mit deren Hilfe ein Konflikt beendet wurde, der den Auftakt einer Reihe gewalttätiger Auseinandersetzungen zwischen dem kanadischen Staat und First Nations im späten 20. Jahrhundert gebildet hatte. 1997 erwarben die Bundesbehörden schließlich das Gelände von der Gemeinde. Die Oka-Krise belegt stellvertretend, von welchen Problemen der Umgang Québecs mit seinen First Nations überlagert wird. Die dramatischen Ereignisse von Oka hat die Multimedia-Künstlerin Alanis Obomsawin von der Abenaki-Nation in ihrem Film „Kanehsatake: 270 Years of Resistance" (1993) eindrucksvoll eingefangen.

In dem Maße, in dem der Zusammenhalt Kanadas nicht mehr von Unabhängigkeitsbemühungen Québecs bedroht scheint, ist eine wachsende politische Distanz zwischen den weitgehend von konservativen Kräften beherrschten westlichen Provinzen und Ottawa unübersehbar. Splittergruppierungen in Manitoba, Alberta und Saskatchewan fordern gar in Anlehnung an den englischen „Brexit "einen „Wexit". Geografisch scheint sich die Gefahr eines Angriffs auf die kanadische Föderation von Osten nach Westen verschoben zu haben. Québec strebt zwar nach mehr Autonomie und tritt für eine größere Souveränität ein, hat sich aber vom Separatismus verabschiedet.

Als Fazit bleibt festzuhalten: Was wäre Kanada ohne Québec – selbst angesichts der krisenbehafteten Geschichte dieser besonderen Provinz? Nur ein zweites Nordamerika? Und welches Land kann schon für sich in Anspruch nehmen, offiziell zweisprachig zu sein, über ein doppeltes Rechtswesen zu verfügen und den Multikulturalismus nicht nur in seine Verfassung geschrieben, sondern multikulturelle Vielfalt gerade auch in einer Metropole wie Montréal als gesellschaftliche Realität vorweisen zu können? Und wer einmal von Québec Ville kommend auf dem Chemin du Roy, dem Königsweg, nach Süden fährt, wird sich den landschaftlichen Schönheiten und Reizen der pittoresken Dörfer entlang des St. Lorenzstroms kaum verschließen können.

Wolfgang Klooß, emeritierter Anglist (Universität Trier), war Präsident der Gesellschaft für Kanada-Studien und Kuratoriumsvorsitzender der Stiftung für Kanada-Studien. Seit einigen Jahren gehört er dem Präsidium der DKG und der Redaktion des DKG-Journals an.

MIT DER DKG NACH CALGARY: EIN ZEITDOKUMENT

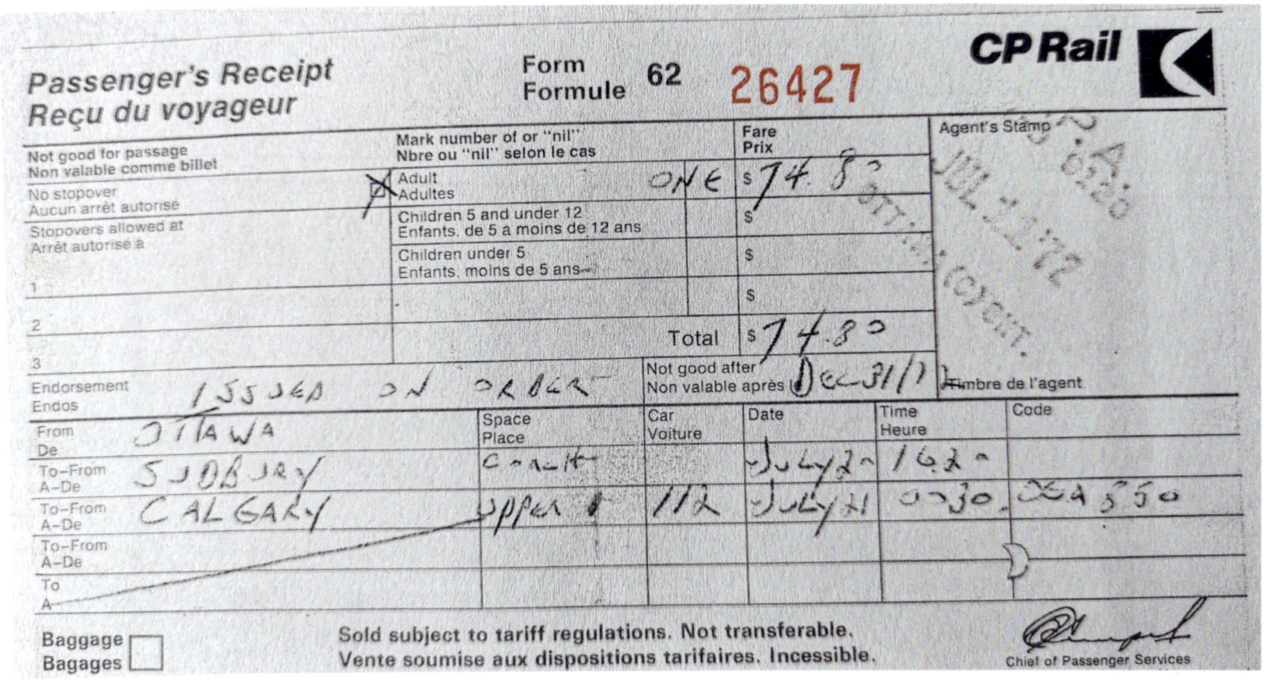

Passenger's Receipt
Reçu du voyageur

Form
Formule 62 26427

CP Rail

Not good for passage
Non valable comme billet

No stopover
Aucun arrêt autorisé

Stopovers allowed at
Arrêt autorisé à

1

2

3

Mark number of or "nil" / Nbre ou "nil" selon le cas		Fare / Prix
X Adult / Adultes	ONE	$ 74.80
Children 5 and under 12 / Enfants. de 5 a moins de 12 ans		$
Children under 5 / Enfants. moins de 5 ans		$
		$
	Total	$ 74.80

Agent's Stamp
JUL 11 72
Timbre de l'agent

Not good after
Non valable après Dec 31/72

Endorsement
Endos ISSUED ON ORDER

		Space / Place	Car / Voiture	Date	Time / Heure	Code
From / De	OTTAWA					
To-From / A-De	SUDBURY	Coach		July 20	1620	
To-From / A-De	CALGARY	Upper	112	July 21	0030	
To-From / A-De						
To / A						

Baggage
Bagages

Sold subject to tariff regulations. Not transferable.
Vente soumise aux dispositions tarifaires. Incessible.

Chief of Passenger Services

Zugfahrschein Ottawa – Calgary, Juli 1972

(ur) Dieter Lünstroth reiste vor genau 50 Jahren mit der DKG nach Calgary. Als Pharmaziestudent würde er heute am Internship-Programm der DKG teilgenommen haben, das Studierenden die einzigartige Möglichkeit verschafft, in Kanada in einem fachspezifischen Milieu qualifiziert zu arbeiten. Der nachstehende Bericht spiegelt das Universum eines reflektierten 25-Jährigen, der 1972 die Chance ergriff, über den Tellerrand zu schauen.

Im Zug Richtung Calgary hörte der junge Deutsche, dass sich der damalige Premier Pierre Trudeau an Bord befände: „Ich ging also nach vorn, als ich mich nach wenigen Minuten in einem für Herrn Trudeau reservierten Wagon befand. Dort saß ein freundlicher Polizist mit einem Gewehr auf seinen Knien. Mehr nicht! Ich stellte mich kurz vor und bat ihn, kurz mit Herrn Trudeau sprechen zu dürfen. Der Polizist antwortete: „Das können Sie gern, aber er isst gerade zu Abend. Doch in Winnipeg wird der Zug ca. ½ Stunde halten und Herr Trudeau wird dort vermutlich auf den Bahnsteig treten." Und so kam es dort tatsächlich zu

Pierre Trudeau mit Margaret und Justin auf dem Weg nach Banff, Zeitungsausschnitt, Juli 1972

meinem kurzem Gespräch! Wenn ich die heutigen – sicherlich berechtigten – Sicherheitsvorkehrungen sehe, haben wir vor 50 Jahren offenbar in einer recht friedlichen Zeit gelebt. Vom damaligen Terroranschlag während der Olympischen Spiele in München erfuhr ich erst in einer Bibliothek in Vancouver aus deutschen Zeitungen, da es damals weder Internet noch Handys gab."

Marburg, den 22.10.72

Bericht über den 8. Studentenaustausch 1972

Dieter Lünstroth
Studienfach: Pharmazie
Arbeitsort in Kanada: Calgary / AB
Beschäftigung: Technischer Assistent Im Chemielabor einer Düngemittelfabrik.

An die Deutsch-Kanadische Gesellschaft!

„WER NICHT an Wunder glaubt, der ist kein REALIST!" Dieser Spruch von Christian Morgenstern könnte meine Erlebnisse in den 13 Wochen meines Aufenthaltes in Kanada und den U.S.A. vielleicht am besten charakterisieren. Selbstverständlich sind meine Eindrücke sehr persönlich und daher subjektiv. Aber gerade durch die Verschiedenheit der einzelnen Berichte dürfte für Sie ein interessantes Mosaik dieses Studentenaustausches entstehen.

Die Anreise empfand ich trotz Verspätung nicht als zu sehr anstrengend, Die bekannte Klima- und Zeitumstellung war u.a. durch die hervorragende Organisation während der Tage in Ottawa kaum zu spüren. Erst das heiße und trockene Klima in Calgary machte mir einige Tage später etwas zu schaffen. Auf der Fahrt von Ottawa nach Calgary mit der C.P.R. wurde ich zum ersten Male von der riesigen Ausdehnung Kanadas beeindruckt. Als sehr positiv empfand ich die Sauberkeit im Zug, die mit der in deutschen Zügen nicht zu vergleichen ist.

Während der mehrstündigen Fahrt hatte ich das Glück, mit Premierminister Trudeau ein paar Worte auf dem Bahnhof von Winnipeg zu wechseln, da er im gleichen Zug nach Banff zum Urlaub fuhr und auf den Hauptstationen aus seinem Wagen steig.

In Calgary half mir die Manpower-Organisation (Anm.: Die US-Firma Manpower Ltd. etablierte 1956 Büros in Montreal and Toronto und legte im Jahr 1964 eine eigene Arbeitsvermittlung für Jugendliche auf, Youthpower genannt.) ebenso vorbildlich wie in Ottawa, mir ein Quartier auf dem Campus der Universität zu besorgen und mich in meinen Arbeitsplatz einzuführen. Soweit zur Anreise.

Mit meiner Arbeit hatte ich in jeder Beziehung ein sagenhaftes Glück. Ich musste in den ersten 4 Wochen in der „Western Cooperative and Fertilizers Ltd." Proben von Schwefel-, Wasser- und Ammoniumabgasen sammeln und nach chemisch-quantitativen Analysen anhand sog. „Calculations" den Gehalt dieser Proben berechnen. In den restlichen 2 Wochen machte ich die Analysen im Labor zusammen mit anderen Angestellten selbst.

Die Arbeit in den 6 Wochen, gefiel mir aus folgenden Gründen besonders gut:

1. Ich hatte einen studiennahen Job.

2. Ich lernte sehr viel über die Lösung von Problemen des Umweltschutzes kennen, der in der B.R.D. noch in den Kinderschuhen steckt.

3. Das Gehalt von 600 Dollar in 6 Wochen empfand ich als sehr hoch und daher als angenehm.

4. Die Betriebsatmosphäre war vorbildlich. Allein die Sitte, sich nur mit dem Vornahmen anzureden, wirkte sehr entspannend. Dazu hatte ich das Glück, des Öfteren von Vorgesetzten zum Abendessen und zu Wochenendfahrten eingeladen zu werden.

5. In Diskussionen über kanadische Probleme und über Deutschland aus kanadischer Sicht lernte ich Aspekte kennen, die mir völlig neu waren und oft überraschten. Ich glaube sagen zu können, daß gerade diese Unterhaltungen in den Arbeitspausen und während verschiedener Einladungen mir Eindrücke verschafften, die mich veranlassten, heute über viele Dinge des täglichen Lebens und über politische Situationen anders zu denken als vorher.

Ein wesentlicher Teil dieser 6 Wochen in Calgary war ferner die zwangsläufige Umgewöhnung an den amerikanischen Lebensstil, der in so ziemlich jeder Hinsicht anders ist als in Deutschland. Da man ehrlich sagen kann, daß im Westen Kanadas aufgrund der relativ kurzen Geschichte noch ein gewisser Pioniergeist herrscht (Calgary ist noch keine 100 Jahre alt) ist jedermann gewöhnt, sich allein in verschiedenen Lebenslagen durchzusetzen. Die Gewöhnung an den kanadischen „Way of Life" war zwar mit vielem Überraschungen verbunden, lehrte mich jedoch ein größeres persönliches Durchsetzungsvermögen.

Als negativ empfand ich in Calgary den Einfluss des US-amerikanischen kommerzialischen Denkens. In Unterhaltungen mit Kanadiern erzählte man mir, daß man zwar diesen Einfluß ebenfalls als unangenehm empfände, man jedoch auf der anderen Seite das US-Kapital benötige, um die kanadische Wirtschaftsmacht aufrechtzuerhalten und zu vergrößern. Trotz dem fühlten sie sich als KANADIER und nicht als Bewohner einer amerikanischen Kolonie!

Meine Reisezeit gestaltete ich in zwei Teilen. In den ersten 14 Tagen fuhr ich allein per Greyhound-Bus auf dem Alaska-Highway zunächst zum Yukon, der auf mich wie ein Paradies wirkte. Von Whitehorse ging es per Bahn nach Skagway (Alaska) und von dort aus per Fähre nach Prince Rupert (B.C.). Wiederum mit dem Greyhound-Bus fuhr ich auf einem Umweg über Prince George und Jasper nach Vancouver. Allein die Erlebnisse während dieser Zeit waren kaum zu erfassen. Nach einem 6-tätigen Aufenthalt in Vancouver traf ich Verwandte, die aus Deutschland nachgereist kamen, und verlebte mit ihnen zusammen die restlichen 4 Wochen. Wir mieteten uns einen Wagen und machten zunächst eine 3-wöchige Rundtour von Vancouver über Jasper, Calgary, Yellowstone-Park, Salt Lake City, Brice Canyon, Navajo-Desert, Grand Canyon, Las Vegas, Death Valley, Yosemite Park nach San Francisco und zurück auf der Küstenstraße durch Kalifornien, Oregon, Washington nach Vancouver.

Von dort flogen wir zurück nach Montreal, um abermals per Leihwagen Montreal, New York, Washington D.C. und Ottawa kennenzulernen. Ich gebe zu, daß diese 6 Wochen alles andere als eine Erholung waren, und wir uns z.T. als Kulturbanausen vorkamen, wenn man bedenkt, daß wir z.B. in New York nur 20 Std. verbrachten. Aber auf der anderen Seite sahen wir so viel Interessantes, daß die gesamte Fahrt überaus eindrucksvoll war. Und ich bereue keinesfalls die zeitweilige Hetze und die nicht unwesentlichen finanziellen Ausgaben während dieser Zeit!

Zusammenfassend möchte ich folgendes sagen:

1. Es ist nahezu unmöglich, in einem so kurzen Bericht alle Eindrücke und Ergebnisse klar genug herauszustellen, da sie Bücher füllen würden.

2. Ich bedanke mich bei Ihnen sehr für die Möglichkeit, das großartige Kanada in 3 Monaten kennenlernen zu dürfen!

3. Meine persönlichen Erwartungen von diesem Aufenthalt sind wohl in dem Punkt,

den man global als "Horizonterweiterung" bezeichnet, als auch im Erleben der sog. „Sight-seeing-Punkte" weit übertroffen worden.

4. Auf Grund meiner positiven Erfahrungen in meinem Job in Calgary habe ich zum Schluß meiner Arbeitszeit den Manager der "Western Cooperative and Fertilizers Ltd." gebeten, auch im nächsten Jahr einen oder mehrere Studenten dieses Austausch-Programmes einzustellen, und bekam erfreulicherweise eine positive Antwort.

Nochmals herzlichen Dank,

Ihr Dieter Lünstroth

Dieter Lünstroth in Alberta, 1972

360° Kalender

360° Premiumkalender

Premiumkalender | Format 50 x 35 cm	
Alpen	978-3-96855-217-0
Australien	978-3-96855-204-0
Berlin	978-3-96855-233-0
Bretagne	978-3-96855-226-2
Feuerland und Patagonien	978-3-96855-221-7
Florida	978-3-96855-229-3
Franken	978-3-96855-240-8
Gardasee	978-3-96855-211-8
Hawaii	978-3-96855-237-8
Irland	978-3-96855-215-6
Island	978-3-96855-208-8
Japan	978-3-96855-231-6
Kanada – Der Westen	978-3-96855-205-7
Kanada – Nova Scotia	978-3-96855-228-6
Kanaren	978-3-96855-234-7
Lofoten	978-3-96855-220-0
Mallorca	978-3-96855-216-3
Namibia	978-3-96855-213-2
Neuseeland	978-3-96855-207-1
New York	978-3-96855-232-3
Nordlichter	978-3-96855-219-4
Norwegen	978-3-96855-212-5
Ostfriesische Inseln	978-3-96855-223-1
Rügen & Hiddensee	978-3-96855-224-8
Ruhrgebiet	978-3-96855-222-4
Schottland	978-3-96855-209-5
Schweiz	978-3-96855-239-2
Seychellen	978-3-96855-235-4
Sizilien	978-3-96855-236-1
Skandinavien	978-3-96855-230-9
Südengland und London	978-3-96855-238-5
Südtirol	978-3-96855-210-1
Tirol	978-3-96855-218-7
Toskana	978-3-96855-214-9
USA – Der Westen	978-3-96855-206-4
Usedom	978-3-96855-225-5
Vietnam	978-3-96855-227-9

Jeweils 14 Kalenderblätter, Spiralbindung

24,95 €

Selbstverwaltung statt Reservate im Yukon:

Die Tr'ondëk Hwëch'in in Dawson City

Autorin: Geneviève Susemihl

Der Moosehide Trail ist ein uralter, schmaler Pfad über felsige Berge und durch dichte Wälder. Er ist etwa fünf Kilometer lang und verbindet Dawson City, die legendäre Goldgräberstadt im Yukon, mit dem Flecken Moosehide am Yukon River. Die Landschaft gehört zum traditionellen Territorium der Tr'ondëk Hwëch'in First Nation, nach ihrer Sprache auch Han genannt. Die meisten Menschen fahren heute mit dem Boot nach Moosehide und nur wenige nutzen den Pfad. Eine Straße gibt es nicht. Um Moosehide zu besuchen, braucht man eine Erlaubnis, die ich mir im Büro der Tr'ondëk Hwëch'in in Dawson City geholt habe. Ich gehe auf eine Wanderung durch einsame Wildnis und mache gleichzeitig einen Ausflug in die Geschichte und Kultur der Nation.

Wie alle indigenen Gruppen im Norden Kanadas waren die Tr'ondëk Hwëch'in ein mobiles Volk, die in einem fest umrissenen Gebiet von Fischfang und Jagd lebten. Das Herz ihres Territoriums bildete das Sommerlager Tr'ochëk, wo der Klondike River in den Yukon River mündet. Als 1896 in der Nähe Gold entdeckt wurde, entstand beinahe über Nacht Dawson City mit über 40.000 Einwohnern auf der gegenüberliegenden Seite des Klondike River. Um Konflikten mit den Goldgräbern aus dem Weg zu gehen, zogen die Tr'ondëk Hwëch'in im Frühjahr 1897 einige Kilometer flussabwärts nach Moosehide.

Der Wanderpfad führt über den Moosehide Slide. Seit Jahrhunderten ist dieser Erdrutsch Erkennungszeichen für die Menschen am Fluss, denn man sieht ihn schon aus der Ferne, wenn man sich auf dem Yukon River der Stadt nähert. Die Han erzählen sich Legenden von Menschenfressern, die am Fuße des Berges lebten. Um die Kannibalen zu erschlagen, rissen tapfere Männer Bäume aus und der Berg wurde kahl. Der Erdrutsch hat die Form einer Elchhaut (moose hide) – daher der Name. Das Klettern über das Geröll ist gefährlich; ein falscher Schritt und die Steine kommen ins Rutschen. Die Sicht entschädigt jedoch für alle Mühen. Im Wald begegnen mir Auerhähne und Eichhörnchen. Ich spitze die Ohren und singe – dies ist Bärenland und Grizzlybären mögen keine Überraschungen.

Besucher in Moosehide benötigen eine Erlaubnis

Als ich aus dem Wald auf die Lichtung des Dorfes trete, liegt Moosehide verlassen in der Sonne. Kein Mensch ist zu sehen. Eine Handvoll Häuser säumen das Ufer, am südlichen Ende steht die St. Barnabas Kirche. Als die anglikanische Kirche um 1900 eine Mission und eine Schule im Ort errichtete und die Regierung ein Reservat, gab es nur noch etwa 100 Han. Krankheiten wie Diphterie und Tuberkulose dezimierte die Zahl weiter. Der Friedhof ist stiller Zeuge dieser katastrophalen Zeit. Ein Leben von der Jagd allein war kaum mehr möglich und die Han verkauften Fleisch an die Goldsucher oder arbeiteten

Auf dem Moosehide Trail: Selfie vor dem Panorama von Dawson City.

Blick vom Friedhof in Moosehide auf den Yukon River.

auf den Schaufelraddampfern, in Holzbetrieben oder im Hafen von Dawson.

Ab 1911 besuchten viele Kinder die Choutla School in Carcross und das traurige Kapitel der Residential Schools begann auch für die Han. Diese Internatsschulen, die in Kanada von ca. 1830 bis 1996 von Kirchen betrieben wurden, sollten die Kinder der kanadischen Ureinwohner dem Einfluss ihrer Eltern und ihrer Kultur entziehen. Sie durften weder ihre Muttersprache sprechen noch andere Traditionen ausüben und häufig kam es zu physischen und psychischen Übergriffen in den Schulen. Noch heute sind die Folgen in den indigenen Gemeinden zu spüren. In den 1950er Jahren zogen die Tr'ondëk Hwëch'in nach Dawson City, um näher an ihren Arbeitsplätzen zu sein. Die Goldsucher waren schon lange verschwunden, das administrative Zentrum des Yukon in die neue Hauptstadt Whitehorse verlegt und Moosehide wurde zum Rückzugsort der Han an Wochenenden und Festen.

St. Barnabas Kirche in Moosehide, 1908 erbaut.

Ich schaue mich im Ort um. Die Feuerstellen auf dem Festplatz sind niedergebrannt. Am letzten Wochenende fand das Moosehide Gathering statt – ein traditionelles Potlatch-Fest mit Liedern und Tänzen. Der Potlatch ist ein Fest zu besonderen Anlässen wie die Weitergabe von Titeln,

Privilegien oder Liedern, was von vielen Gästen bezeugt und durch die Gabe reichhaltiger Geschenke zementiert wird. Lange Zeit wurde diese Zeremonie durch Polizei und Kirche unterdrückt, denn Missionare und Regierung sahen das Fest als verschwenderisch und im Gegensatz zu zivilisierten Werten stehend an. In den 1970er Jahren kam es zu einer Wiederbelebung des Potlaches und in den 1990ern zu den ersten Moosehide Gatherings. Seitdem findet das viertägige Fest alle zwei Jahre im August statt, mit hunderten von Gästen.

Zur Zeit des Klondike Goldrausches hatten die Tr'ondëk Hwëch'in Angst, aufgrund des Einflusses der weißen Kultur ihre Traditionen zu verlieren und übergaben ihre Lieder und Tänze an Verwandte in Alaska. Jetzt erhalten sie diese zurück. Alle zwei Jahre beim Moosehide Gathering lernen sie neue Lieder und Tänze von ihren Gästen aus Alaska. Sammy Taylor, den ich später im Museum der Tr'ondëk Hwëch'in treffe, erzählt: „Wir wussten nicht, dass wir einst viele Lieder und Tänze besaßen. Wir wussten nichts über unsere Kultur. Erst vor kurzem begannen wir, andere Stämme zu fragen, was sie über uns wussten, und alle sagten, dass wir die besten Lieder, Tänze und Potlaches hatten."

Auf dem Rückweg von Moosehide nach Dawson City nehme ich eine andere Route und wandere über den Midnight Dome, einen beliebten Aussichtspunkt hoch über der Stadt. Auf dem Weg beginnt es in Strömen zu regnen. Während ich überlege, wie ich am schnellsten in die Stadt gelange, nähert sich ein Auto auf der Straße zum Gipfel. Zwei junge Frauen fragen, ob sie helfen können. Aus dem Radio tönt Musik. Ich darf einsteigen und wir erzählen. Beide sind Han und leben im südlichen Teil von Dawson, in dem die Tr'ondëk Hwëch'in einen eigenen kleinen Stadtteil bauen. „Wir kommen nicht gern in die Stadt. Hier gibt's nicht viel Unterhaltung und alles ist teuer", meint Ashley, die heute ihren 20. Geburtstag feiert. „Da draußen ist mehr Platz", fügt ihre Freundin hinzu und deutet auf den Wald. „Aber bald fahren wir nach Edmonton, um Fleetwood Mac zu sehen", lacht Ashley und dreht das Radio lauter. Ihre Zukunftspläne sind noch unscharf. Sie möchte Finanzwirtschaft in Toronto studieren und erklärt: „Der Stamm zahlt das Studium, wenn man es in acht Jahren schafft."

Kostüme des Theaterstücks „Beat of the Drum" (1996), das die Trennung der Menschen von Land und Kultur dramatisiert (Ausstellung im Cultural Centre).

Mehr über die Tr'ondëk Hwëch'in und ihre Geschichte erfahre ich im Dänojà Zho Cultural Centre. Das Kulturzentrum am Ufer des Yukon wurde 1998 eröffnet. In Filmen, Ausstellungen und persönlichen Gesprächen erzählen die Tr'ondëk Hwëch'in ihre Version des Goldrausches und räumen auf mit Klischees. Indianer auf Pferden, mit Federschmuck und Tipis gab es hier nie, und Gold hatten die Han schon lange vor den Weißen entdeckt, es jedoch für unbrauchbar befunden. Sammy Taylor, der durch die Ausstellung führt, erzählt: „Wir lebten in kleinen Hütten aus Rinde. Für den Lachsfang erfanden unsere Vorfahren aufwändige Fischnetze und ausgeklügelte Fallen." Er erzählt mit Hingabe und Begeisterung. „Klebstoff machten wir

Das Dänojà Zho Cultural Centre

aus Fichtensaft, Bärenfett und Asche. Aus Vaseline und Fichtensaft kochen wir Salbe gegen Entzündungen, die wir im Laden verkaufen. Die Leute schwören darauf, doch die Herstellung ist aufwendig. Deshalb ist sie schnell ausverkauft."

Die Besucher sind interessiert, fragen nach, wollen mehr wissen, vor allem über die heutige Situation der Tr'ondëk Hwëch'in. Sammy: "Die meisten Menschen verstehen das Konzept von Selbstregierung nicht. Sie glauben, jeder Indianer lebt in einem Reservat, und sie fragen, wo das Reservat ist. Aber es gibt keine Reservate im Yukon." Kuratorin Glenda Bolt ergänzt: „Besucher fragen, wo die Han leben, und ich sage, hier im Ort; wir leben alle zusammen. Das ist anders als im Rest von Kanada; das gibt den Menschen zu denken. Sie fragen, ob das geht, und ich sage, ja, das geht."

Nachbildung einer traditionellen Hütte der Han im Cultural Centre

Die Tr'ondëk Hwëch'in haben sich eine in Kanada einmalige Situation erkämpft. Gemeinsam mit zehn weiteren im Yukon lebenden indigenen Gruppen besitzen sie Selbstverwaltung. 1998 unterschrieben sie ein Abkommen mit der nationalen und der territoriale Regierung, die ihnen Teile ihres Landes und die Selbstbestimmung zusprachen. Der Indian Act – das Indianergesetz, das seit 1876 die rechtliche Situation der Indigenen Kanadas regelt – gilt im Yukon nicht mehr. Reservate wie in anderen Provinzen Kanadas gibt es daher auch nicht mehr. Seit 1998 regiert sich die Tr'ondëk Hwëch'in First Nation selbst. Neben dem Chief (seit 2013 eine Frau, Roberta Joseph) und ihrem Rat gibt es Departments, zuständig für Finanzen, Gesundheit und soziale Wohlfahrt, Kulturerbe, Wohnungsbau und Infrastruktur, Human Resources und Bildung, Durchführung der Vertragsvereinbarungen und natürliche Ressourcen.

Auch die Bildung haben die Tr'ondëk Hwëch'in in die eigenen Hände genommen. Sie wollen selbst bestimmen, was über ihre Geschichte und Lebensweise erzählt wird. Der Kurs „Tr'ondëk Hwëch'in 101" wird von der Stammesregierung angeboten und gehört zum Pflichtprogramm an den Schulen. Ich darf am Kurs teilnehmen. Wir sind eine bunt gemischte Gruppe indigener und nicht-indigener Frauen und Männer, darunter eine Friseurin, eine Krankenschwester, ein Mitarbeiter der Touristeninformation und zwei römisch-katholische Priester aus Peru. Mit Tr'ondëk Hwëch'in Elder Angie Joseph-Rear und Jody Beaumont, Traditional Knowledge Specialist, die den Kurs leiten, sprechen wir über die Folgen der Residential Schools und die Selbstverwaltung. Wir teilen Erfahrungen miteinander und die Wogen der Emotionen schlagen hoch. Lea erzählt von ihrer Mutter, die als Kind eine Residential School besuchte: „Sie hat nie über ihre Schulzeit gesprochen und hat starke Depressionen." Jody erzählt: „Dawson City hatte Drogen, Selbstmorde, viele Jahre lang, und die gesamte Last mit diesen Probleme umzugehen liegt bei den First Nations." Viele leiden bis heute an den Spätfolgen der erzwungenen Assimilationsversuche während ihrer Schulzeit – eine Zeit, die auch als kultureller Völkermord bezeichnet wird. Es wird lange dauern, bis die damit verbundenen Traumata mehrerer Generationen heilen, doch das Reden über diese schmerzvolle Vergangenheit und Bildung sind erste Schritte.

Heute leben die Tr'ondëk Hwëch'in integriert in Dawson City. Sie haben eine eigene Regierung, sind der größte Arbeitgeber der Stadt und betreiben mehrere Bauunternehmen. Ihre traditionellen Bräuche haben sie mit moderner Lebensweise vereint. Han, die Sprache der Tr'ondëk Hwëch'in, wird im eigenen Kindergarten und in der Schule unterrichtet. Kinder werden schon früh mit auf die Jagd genommen und Camps wie First Hunt oder First Fish machen Jugendliche mit traditionellen Methoden des Lachs- und Karibufangs vertraut. Auch ihr traditionelles Camp Tr'ochëk haben sie zurück gewonnen und 2002 wurde es zur National Historic Site of Canada ernannt. Die Tr'ondëk Hwëch'in sind auf einem guten Weg, der Tradition und Moderne verbindet, und ich bin dankbar, dass ich während meines Aufenthalts in Dawson einen Einblick in ihre Lebensweise erhalten habe und ein kurzes Stück auf dem Weg mitgehen durfte. Mähsi cho – Danke an alle, die mich dabei unterstützten.

In Moosehide gilt eine „No Alcohol or Drug Policy".

Gewächshaus der Tr'ondëk Hwëch'in Teaching Farm

ALLGEMEINES
Mehr Informationen über die Tr'ondëk Hwëch'in sind auf der Internetseite der Nation zu finden *(http://www.trondek.ca/)*.

KULTUR DER TR'ONDËK HWËCH'IN
Das nächste **Moosehide Gathering** findet im Sommer 2024 statt; Gäste sind stets willkommen *(https://www.trondek.ca/moosehide-gathering-2018-0)*.

Für einen Besuch von Moosehide benötigt man vom Heritage Department der Tr'ondëk Hwëch'in eine Erlaubnis (**visitor permit**), die auch online beantragt werden kann. Dafür einfach das notwendige Formular hier herunterladen *(https://www.trondek.ca/visiting-moosehide-village)* und unter *reception@trondek.ca* einreichen.

Für einen Besuch des **Dänojà Zho Cultural Centre** *(https://danojazho.ca/)* sollten man sich Zeit nehmen, um mit den Tr'ondëk Hwëch'in ins Gespräch zu kommen.

LITERATUR
Helene Dobrowolsky: Hammerstones: A History of the Tr'ondek Hwech'in. Dawson City: Tr'ondëk Hwëch'in Han Nation, 2003.

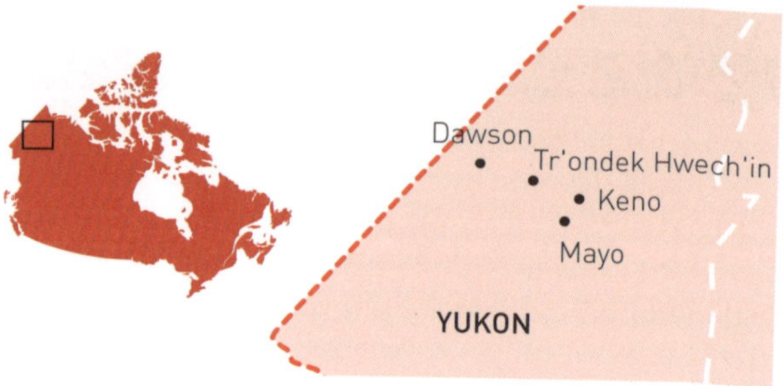

Sicherheit und Stabilität

Kanada: ein attraktives Land für Investitionen

Wer in politisch und wirtschaftlich unruhigen Zeiten sein Vermögen international streuen möchte, liegt mit Kanada goldrichtig. Das Land mit seinen traumhaften Landschaften, sechs Zeitzonen und zwei Amtssprachen ist umgeben von Ozeanen und hat nur eine einzige ca. 9000 Kilometer lange Landgrenze – zu den USA.

Als zehntgrößte Volkswirtschaft der Welt gehört Kanada zu den wohlhabendsten Ländern der Erde. Mit seinen gewaltigen Reserven an Rohstoffen und Bodenschätzen bedient es die Nachfrage an den Weltmärkten und arbeitet gleichzeitig konsequent an einem eigenen Green New Deal – durch die Förderung innovativer Technologien für saubere Energieformen.

Eine gezielte Einwanderungspolitik – auch für Unternehmer und Investoren – sowie bestens ausgebildete Fachkräfte sind weitere Wachstumstreiber in einem Land, dessen Lebensqualität zu den höchsten weltweit zählt und das wie kein zweites für Weltoffenheit und Toleranz steht. Ein transparentes Steuerrecht und Rechtssicherheit durch das angelsächsische Common Law machen Investitionen kalkulierbar, sei es bei Wertpapieranlagen, Immobilien oder sonstigen Anlageklassen.

Wir beraten Sie fundiert und ganzheitlich bei allen Ihren Fragen zu Anlage, Erhalt, Management und Transfer von kanadischem Vermögen. Kontaktieren Sie uns gerne persönlich. Ansprechpartner ist Alexander Jecht.

TAVINA

TAVINA Management Corporation

Tätigkeitsbereiche:

- Wertpapiere und Festgelder
- Immobilien / Private Placements
- Unternehmer-Einwanderungsprogramme
- Nachlass-Planung Kanada/Deutschland

Ihr Ansprechpartner:
Alexander Jecht
Tel.: +1 604 789 24 23
E-Mail: ajecht@tavina.ca

1101-1166 Alberni Street
V6E 3Z3 Vancouver B.C.
Website: *www.tavina.ca*

Hardy Krüger war schuld

– Eine Liebeserklärung an den Yukon –

Autor: Holger Bergold

Der Yukon River im Abendlicht

Whitehorse von oben

Im Dezember 1992 traf ich mich mit Schauspielerlegende Hardy Krüger in dessen Hamburger Wohnung. Ich gehörte damals zu seinem Weltenbummler-Filmteam. In diesen Jahren produzierten wir für die ARD jährlich drei bis vier Weltenbummler-Episoden. Die Geschichten spielten in Ländern, die quer über den Erdball verteilt waren. An diesem Tag im Dezember 1992 standen wir vor der überdimensional großen Weltkarte in Hardys Arbeitszimmer und suchten nach neuen Drehorten für 1993. Plötzlich sagte Hardy „Yukon". Und dann legt er nach: „Schon in meiner Kindheit war ich in Gedanken oft am Yukon, habe die Stories von Jack London miterlebt, war mit ihm am Porcupine River, habe mit seinem Wolfshund gespielt und im Klondike Gold gewaschen. Ich möchte zu gerne sehen, wie dieses Abenteuerland wirklich ist".

So fing es an. Zu dieser Zeit hatte ich Kanada schon mehrmals durchreist, aber der Yukon war mir nur dem Namen nach bekannt. Zur Vorbereitung begann ich zu lesen, was ich über das Territorium, den gleichnamigen Fluss und den großen und sagenhaften Goldrausch von 1896 in die Hände bekam. Recherche war damals noch echte „Handarbeit". Google und andere Suchmaschinen waren noch nicht existent. Man telefonierte und telexte. Das Fax war in der Zeit der modernste Weg der schnellen Kommunikation.

Unter anderem kontaktierte ich damals auch die Tourismusbehörde des Yukon und fand heraus, dass Klaus W. Roth, den ich Mitte der 1970er in Düsseldorf als Vertreter der kanadischen Provinz Québec kennengelernt hatte, dort der Tourismusdirektor war.

Klaus signalisierte mir sofort Unterstützung, denn es würde ihm helfen, das Yukon Territorium als Reiseziel in Europa bekannter zu machen. Ebenfalls hilfreich war, dass ich unsere Reisesendung nicht näher vorstellen musste, denn Klaus kannte sie. Auch den Hauptdarsteller Hardy Krüger kannte er und es war ihm sofort bewusst, was für ein Kaliber da kommen und über den Yukon erzählen würde.

Kurze Zeit später flog ich zur Vorrecherche in den Yukon. Was heute mit der Condor in knapp neun Stunden nonstop geht, war damals noch ein wenig umständlicher. Mit Canadian Airlines International ging es zuerst einmal von Frankfurt nach Calgary und von dort weiter nach Vancouver. Dort übernachtete ich im altehrwürdigen Hotel Vancouver mit seinem markant grünen Zinndach und flog am Morgen darauf mit Air Canada ins 2300 Kilometer nördlicher gelegene Whitehorse, die Hauptstadt des Yukon. Klaus holte mich vom Flughafen ab und brachte mich ins High Country Inn, das damals das beste Hotel am Platze war. Dort, im allseits bekannten „Deck-Restaurant" und bei einem Yukon Gold Bier, begann dann meine „eigentliche" Yukon-Recherche.

Klaus erwies sich als wahre Informations-Quelle für meine Recherche. Er erklärte mir detailliert die Geschichte des Yukon, von der Erstbesiedelung durch sibirische Jäger vor ca. 10.000 bis 15.000 Jahren, über den sagenhaften Goldfund und Goldrausch am Ende des 19. Jahrhunderts, den schnellen aber auch mühsamen Bau des Alaska Highways im Jahr 1942 bis hin zur heutigen Zeit. Zudem gab er mir viele gute Tipps und lokale Kontakte.

Durch ihn war es mir möglich, viele interessante und schillernde Charaktere zu treffen und zu interviewen. Die meisten eigneten sich auch als Protagonisten für eine „Weltenbummler-Episode", aber letztendlich oblag die Endauswahl der alleinigen Entscheidung von Hardy.

Einer der „Glücklichen" war Rob Toohey, ein Naturbursche, Outdoor-Freak und River-Guide, der nebenher auch für Fern-

Rob Toohey mit Sibell Hackney und ihren Kindern

Klaus Gretzmacher und Hardy Krüger

sehsender und Firmen als Location Scout fungierte und somit die für die Kamera schönsten Stellen des Yukon kannte. Er war für unsere Weltenbummler-Episode quasi der „roten Faden", der uns durchs gesamte Territory führte und uns so auf die anderen ausgewählten Charaktere treffen ließ.

Unter anderem auch auf Klaus Gretzmacher, der ein paar Jahre zuvor seinen Lehrerjob in Deutschland an den Nagel gehängt hatte und mit seiner Frau Britta in den Yukon auswanderte. Dort erwarb er die Ruby Range Lodge am Kluane Lake, zu Füßen des bekannten und gigantischen Kluane National Park. Er vermietete die Zimmer seiner Lodge während der Sommersaison an Urlauber und flog sie im eigenen Buschflugzeug zum Angeln und zu Sightseeing-Flügen in den Nationalpark. Nicht lange nach seiner Ankunft im Yukon kam Töchterchen Nina auf die Welt.

Mit Klaus, seinem Flieger sowie einem zweiten Flugzeug flogen wir zum Drehen in den Nationalpark. Optische Hintergründe des Segments mit Klaus waren der Mount Logan (mit 5959 Metern der höchste Berg Kanadas) sowie die größten nichtpolaren Gletscherfelder der Erde, die sich bis hinunter zur Glacier Bay erstrecken und wo die Gletscher dann schließlich in den Pazifik kalben. Hardy kommentierte diesen Flug nach der Landung mit Worten, die er auch später im Film verwendete. Er sagte: „Ich bin heute mit dem Flugzeug durch Bilder geflogen, die ein Mensch seinen Lebtag lang nicht vergisst". Damals wusste ich noch nicht, dass ich in den darauf folgenden 30 Jahren so einen Flug noch sehr oft machen würde. Und bei jedem dieser Flüge dachte und denke ich an Hardy und seine so tief empfundenen Worte.

Sibell Hackney im Motorboot

Ein paar Tage später fuhr uns Rob dann auf einem langen Motorboot von Minto aus den schnell fließenden Yukon River hinunter. Nach gefühlten zwei Stunden bog er nach rechts in einen der vielen kleinen Nebenarme ab. Für ein paar Minuten tuckerten wir noch weiter in den immer seichter werdenden Abzweig hinein, bis wir eine einsam gelegenen Blockhütte erblickten.

Am Ufer erwartete uns bereits eine äußerst aparte „Erscheinung". Ihr Name war Sibell Hackney, eine frühere kanadische Schönheitskönigin, die dort völlig abseits der schon spärlichen Yukon-Zivilisation mit Tochter Sarah und Sohn Ben lebte. Rob nannte sie nur „die Frau vom Fluss". Ihre beachtliche Blockhütte hatte sie mit eigenen Händen erbaut. Sie hatte auch einen Gemüsegarten im Hochbeet angelegt und mit Kohl und Kartoffeln bepflanzt. Im Herbst sammelte sie mit den Kindern Beeren und Pilze im Wald und im Winter stellte sie Fallen und verkaufte die Felle dann jeweils im darauf folgenden Frühjahr. Die einzigen Verbindungen zur Außenwelt bestanden aus zwei Motorbooten und einer Funkanlage, mit deren Hilfe ihre Kinder täglich am Fernschulunterricht teilnahmen.

Ich erinnere mich auch noch genau, dass Sibell uns nach den Filmaufnahmen einen leckeren Elch-Eintopf mit selbstgemachtem Brot kredenzte. Den 480 kg schweren Elchbullen hatte sie zuvor selbst erlegt und das Fleisch dann zu ihrer Hütte transportiert. Dort war auch ihre „Natur-Eistruhe", ein ausgegrabenes Erdloch unter dem Holzfußboden, das durch den Permafrostboden rund ums Jahr Gefriertemperaturen garantierte. Völlig Bio und ohne jeglichen Energieverbrauch.

Mir fiel damals auch auf, dass die Tür zu ihrer Hütte ein faustgroßes Loch aufwies, das nur notdürftig ausgebessert schien. Darauf angesprochen erklärte Sibell, dass ein recht aggressiver Grizzlybär versucht hatte, in die Hütte einzudringen und das Loch dabei einfach eindrückte. Da sie und die Kinder zu dieser Zeit in der Hütte waren, hatte sie einfach durch das Loch geschossen und den Bären voll erwischt. „Besser er als wir", sagte sie dann noch lakonisch. Nach dieser Story war mir auch klar, warum die Fensterläden mit langen Nägeln gespickt waren und vor den Fenstern große Nagelbretter lagen. So sieht eben das Buschleben im Land der Grizzly- und Schwarzbären aus. Sicherheit geht vor!

Mit dem Flugzeug ging es weiter nach Old Crow, der nördlichsten Gemeinde des Yukon. Die etwa zweihundert Menschen zählende Gemeinde am Porcupine River gehört zur Vuntut Gwitchin First Nation und liegt in periglazialer Umgebung in der arktischen Tundra. Von Menschen bearbeitete, zwischen 25.000 und 40.000 Jahre alte Tierknochenfunde belegen, dass hier die Bevölkerung Nordamerikas bereits viel früher als vermutet ihren Beginn hatte.

Die indianische Bevölkerung hier oben im hohen Norden lebte und lebt traditionell vom Fischfang und vom Fleisch und Fell der riesigen Porcupine Karibuherde, die hier alljährlich auf ihrer Wanderung durch das Gebiet zieht. Nach den Verhandlungen über traditionelle Landansprüche mit der kanadischen Regierung, bei der die Vuntut Gwichin First Nation eine entsprechende finanzielle Abfindung bekam, kaufte sich die Gemeinde in die in Whitehorse basierte Air North Fluggesellschaft ein, die ihr seither eine tägliche Flugverbindung für Passagiere und Cargo zwischen Whitehorse, Inuvik und Dawson City garantiert. Das starke Wachstum der erfolgreichen Fluglinie sorgte zudem dafür, dass das investierte Geld bis heute gut angelegt ist.

Air North-Flieger

Die Orientierung im kleinen Örtchen Old Crow fiel uns recht leicht. An zwei bis drei unbefestigten Sträßchen zwischen Runway und Fluss gelegen standen Holzhäuser und Hütten. Hunde sprangen auf den sonst menschenleeren Wegen. Wo waren die Einwohner? Kurze Zeit später schlenderten wir an der St. Luke's Anglican Church vorbei und fanden heraus, dass die meisten der Messe beiwohnten, die eine weibliche, indianische Priesterin zelebrierte. Der einzige Ortsansässige, der nicht von den Ureinwohnern abstammte, war der Polizist der Royal Canadian Mounted Police, der hier auf einem regelrechten „Außenposten" seinen Dienst tat.

Nach der Messe führte er uns durchs Dorf und stellte uns einigen der wichtigen Ge-

Dawson City

meindemitglieder vor, die uns in vielen Erzählungen interessante Einblicke in das Leben der indianischen Ureinwohner im hohen kanadischen Norden gewährten. Wir filmten etliche Szenen rund um Old Crow und erwischten sogar eine kleine Ansammlung von Karibus, die durch den Porcupine River schwammen. Während wir auf dem Rückweg mit dem Boot entlang des Flussufers tuckerten, fiel mir ein ungewöhnlich gebogener Ast im Ufersand auf. Wir legten kurz an und ich zog an ihm und hatte den vorderen Teil eines schwarzen Mammutstoßzahns in der Hand, schätzungsweise 3 bis 4 Kilo schwer. Er war sicherlich mehrere tausend Jahre in dem hier vorherrschenden Permafrostboden eingeschlossen und durch die warmen Temperaturen und dadurch bedingter Erdrutsche wieder ans Tageslicht gekommen. Stolz lud ich ihn ins Boot. Was für ein tolles Mitbringsel! Doch leider wurde daraus nichts, denn im Dorf machte man mir klar, dass das Stück in ein lokales Museum soll. „Such is Life" – wie der Kanadier sagt!

Cancan-Tänzerinnen im Diamond Tooth Gerties

Von Old Crow brachte uns der Flieger nach Dawson City, der ehemaligen Hauptstadt des Yukon, die um 1900 zu Zeiten des größten Goldrauschs aller Zeiten eine regelrechte Boomtown war. Dawson City nannte man damals das „Paris des Nordens", wo angeblich der Champagner in Strömen floss und die Austern frisch waren. Es gab dort wohl nichts, was es nicht gab. Und die hohen Preise für Luxusartikel in der Wildnis wurden anstandslos bezahlt. Oft mit purem Gold, mit Goldnuggets oder mit feinem Goldstaub.

Einer der „In-Plätze" zu jener Zeit war „Diamond Tooth Gerties", eine Tanzhalle mit Cancan-Girls, Musik, Glücksspiel und natürlich Alkohol. Die Besitzerin wurde so reich, dass sie sich einen Diamanten in den Zahn einschleifen ließ. Und so entstand auch der Name der Spielhölle, die heute das nördlichste Spielcasino Kanadas ist und in der noch immer Cancan Girls ihre Beine schwingen, der Alkohol fließt und so mancher Dollar bei Roulette, Black Jack, Poker oder an Einarmigen Banditen verzockt wird.

Der Dreh in Dawson faszinierte mich , denn nichts hat sich dort seit der Goldrauschzeit wirklich verändert. Noch immer sind die Straßen unbefestigt; wenn es regnet sind sie matschig, wenn es trocken ist, staubig. Die hochgezogenen Gehwege bestehen – wie in Wildwestfilmen – aus Holzplanken, die Gebäude sind alt, oft krumm, durch den Permafrostboden verzogen und Historie ist an jeder Ecke spür- und erlebbar. Die Häuser und Hütten der nordamerikanischen Dichterfürsten Pierre Burton, Robert Service und Jack London können ebenso bestaunt werden, wie alte Theater, Läden und Poststellen. Ganz Dawson ist ein lebendes Museum und man verliert sich in der Zeit, wenn

Dredge No. 4

man durch die Straßen schlendert und ein Foto- bzw. Filmobjekt nach dem anderen bestaunen kann.

Natürlich fuhren wir auch entlang dem Bonanza Creek zu der Stelle, wo am 16. August 1896 jener „Urfund" gemacht wurde, der den größten Goldrausch aller Zeiten auslöste und ein Ereignis war, das nicht nur Nordamerika, sondern eigentlich die gesamte Welt aufrüttelte. Und wir bestaunten die Dredge Nr. 4, der größte Schaufelradbagger, der je in Nordamerika eingesetzt wurde, und bis zu 800 Feinunzen Gold am Tag schürfte. Ein technisches Meisterwerk, schon damals mit Strom betrieben und von wirklich gigantischem Ausmaß.

Nun ja, was soll ich sagen: Am Ende des Yukon-Drehs hatte dieses Paradies des Nordens nicht nur mich, sondern uns alle völlig in seinen Bann gezogen. Beim traditionellen Abschiedsessen zog mich Klaus Roth, dem das natürlich auch aufgefallen war, auf die Seite. Bei einem Glas Whiskey und einer Zigarre unterbreitete er mir dann einen Vorschlag, den ich nicht ablehnen konnte. Er bat mich nämlich, ihm zu helfen, den Yukon in Europa auf die touristische Landkarte zu bringen. Ich sagte spontan zu. 1994 unterschrieb ich dann meinen ersten Vertrag mit der Territorialregierung als Repräsentant von Tourism Yukon in Kontinentaleuropa. Auch nach 28 Jahren vertrete ich diesen wunderbaren und nordwestlichsten Teil Kanadas im deutschsprachigen Europa.

LAGE

Das Yukon Territory lieg im äußersten Nordwesten Kanadas und hat eine Fläche von 482.443 km². Im Westen grenzt das Territorium an Alaska (USA), im Osten an die Northwest Territories und im Süden an die Provinz British Columbia. Der Arktische Ozean bildet die Nordgrenze. Etwa zwei Drittel der rund 43.000 Einwohner (2021) leben in der weit im Süden gelegenen Hauptstadt Whitehorse. Von den Einwohnern des Territoriums zählt das für die Ureinwohner zuständige Ministerium rund 9500 zu den 16 First Nations (Quelle: Wikipedia)

BUCHTIPP

Im Spätherbst dieses Jahres veröffentlicht 360° medien ein Buch aus der Feder von Holger Bergold mit seinen spannendsten Yukon-Abenteuern.

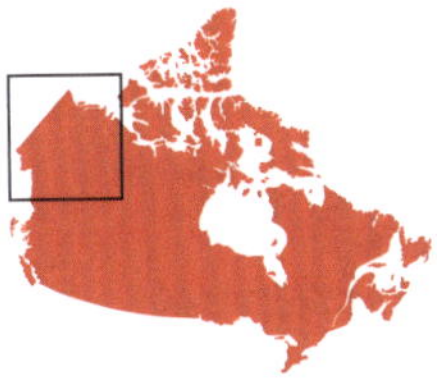

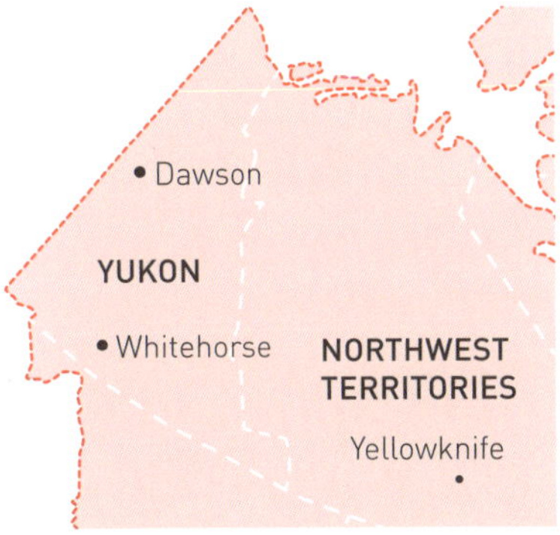

Nunavut – arktisches Reiseziel für Fortgeschrittene

Autorin: Michaela Arnold

Kanadas nördlichstes Territorium ist ein Land von unglaublicher Naturschönheit, unendlicher Weite und ursprünglicher Wildnis. Die Rede ist von Nunavut, was in der Sprache seiner Ureinwohner – der Inuit – „unser Land" bedeutet. Der Name ist Programm, denn erst im Jahr 1999 wurde die Region von Nunavut zum autonomen Territorium erklärt und untersteht seither der partiellen Selbstverwaltung der Inuit.

Mit einer Ausdehnung über unvorstellbare 2 Millionen Quadratkilometer bedeckt Nunavut ein Fünftel der Fläche Kanadas. Es erstreckt sich von der Hudson Bay bis zum Nordpol und von Ellesmere Island vor der Nordküste Grönlands bis hin zum Amundsen Golf. Der Großteil des Landes besteht aus unberührter Wildnis. Richtung Norden, hin zur Nordwest Passage, geht die kahle nördliche Tundra in Klippen und Hochebenen über. Fast ganzjährig sind die arktischen Inseln im Norden und Osten der Region von Packeis umgeben. Sie reichen bis zu den riesigen Gletschern, zerklüfteten Felsen und Fjorden der Ostküste von Baffin und Ellesmere Island.

Unbeschreibliche Schönheit der arktischen Wildnis

Nunavut ist fünfmal so groß wie Deutschland, hat jedoch nur rund 36.000 Einwohner. Mit einer Bevölkerungsdichte von 0,02 Menschen pro Quadratkilometer ist das Territory nahezu menschenleer. Gleichzeitig ist es die am wenigsten touristisch erschlossene Region Kanadas. Beste Voraussetzungen also, um ein Naturerlebnis der Extraklasse zu genießen!

Die arktische Küste Nunavuts und die zahlreichen Inseln mit ihren zerklüfteten

Auf Kayaktour bei Iqaluit

Fjorden, karger Tundra und enormen Gletschern verleihen der Region ihre ganz besondere, unbeschreibliche Naturschönheit. Im Südosten von Baffin Island liegt der Auyuittuq National Park, wo die schroffe Landschaft in ihrer schönsten Form zu bewundern ist. In der Sprache der Inuit bedeutet sein Name „Land das niemals schmilzt“. Gigantische Gletscher und polares Eis treffen hier auf zerklüftete Granitfelswände. Der Park beheimatet die höchsten Gipfel des Kanadischen Schil-

Gletscher-Expedition

Schroffe Landschaft in Iqaluit auf Baffin Island

des, die zum Teil mehr als 2000 Meter senkrecht aufsteigen. Der Akshayuk Pass erstreckt sich im Südosten der Penny-Eiskappe unterhalb der Gletscherzone über fast 100 Kilometer und dient zur Durchquerung des Parks. Er ist ein traditioneller Reisekorridor, der seit Jahrtausenden von den Inuit genutzt wird.

Der Sirmilik National Park dagegen umfasst Bylot Island sowie Teile der nördlichen Baffin Island. Sein Name bedeutet „Ort von Gletschern". Er ist mit rund 22.200 Quadratkilometern der drittgrößte Nationalpark Kanadas.

Kamera griffbereit für die arktische Tierwelt?

In Nunavut leben einige der außergewöhnlichsten, zugleich aber auch bedrohtesten Tierarten der Erde: Eisbären, Walrosse, Moschusochsen, Karibu, Grönlandwale, Narwale, Belugas und jede Menge Vögel, wie die Trottellumme, die auch als „Pinguin der Arktis" bekannt ist. Pond Inlet oder Arctic Bay sind besonders beliebte Ausflugsziele für Tierbeobachtungen, da sich hier – an der Packeisgrenze – zahlreiche arktische Säuger zeigen. Walrosse sonnen sich an der felsigen Küste und

Eisbären gehören zu den tierischen Bewohnern Nunavuts

das eisige Wasser erweist sich als wahres Paradies für Belugas, Narwale und Co. Bei einem Besuch der Cambridge Bay auf Victoria Island kann man Moschusochsen und Tundraschwäne in ihrer natürlichen Umgebung sichten. Und eine Begegnung mit dem König der Arktis – dem Eisbären – wird definitiv einen bleibenden Eindruck hinterlassen!

Warmherzige Gastgeber mit außergewöhnlicher Kultur: Die Inuit

Rund 85% der Einwohner Nunavuts zählen zur indigenen Bevölkerung der Region, den Inuit. Sie machen die Hälfte der Inuit-Bevölkerung ganz Kanadas aus. Auch heute noch leben sie in erster Linie von der Jagd und vom Fischfang. In vielen Inuit-Siedlungen wird man Zeuge des wunderbaren indigenen Kunsthandwerks. In Cape Dorset auf Dorset Island beispielsweise sind ein Fünftel der Bevölkerung Kunstschaffende. Bei Cape Dorset Künstler-Kooperative hat man die einmalige Gelegenheit, Inuit Künstlern über die Schulter zu schauen und ihre Produkte preisgünstig zu erwerben.

Inuit Kunst in Iqaluit

ⓘ

ALLGEMEINE INFORMATIONEN

travelnunavut.ca

Ausgangspunkt ist meist die Hauptstadt Iqaluit auf Great Baffin Island. Mit rund 7700 Einwohnern ist sie größte Gemeinde, Regierungssitz sowie wirtschaftliches und kulturelles Zentrum Nunavuts.
Für Touren in das raue Land schließt man sich am besten einem ortskundigen Outfitter an. Eine gewisse Sportlichkeit ist Voraussetzung, um die teils recht herausfordernden Outdoor-Abenteuer zu meistern.

ANREISE

Es gibt keine Straßen nach Nunavut. Auch die 25 Gemeinden des Territories sind auf dem Landweg nicht miteinander verbunden.

Calm Air (calmair.com) und Canadian North (canadiannorth.com) bieten Linienflüge in die Gemeinden Iqaluit, Rankin Inlet und Cambridge Bay.

Zwischen Juli und September gibt es Schiffsexpeditionen durch die arktischen Gewässer.

UNTERKÜNFTE

Nahezu alle Gemeinden bieten Unterkünfte wie (kleinere) Hotels, Jugendherbergen oder B&Bs. In manchen Gegenden sind Wilderness Lodges ideale Ausgangspunkte für Geländetouren.

KLIMA

In Nunavut ist es deutlich kälter als in Europa. Der wärmste Monat ist der Juli mit durchschnittlich 12°C. Es kann sehr ungemütlich werden, wenn bei niedrigen Temperaturen ein starker Wind aufkommt.

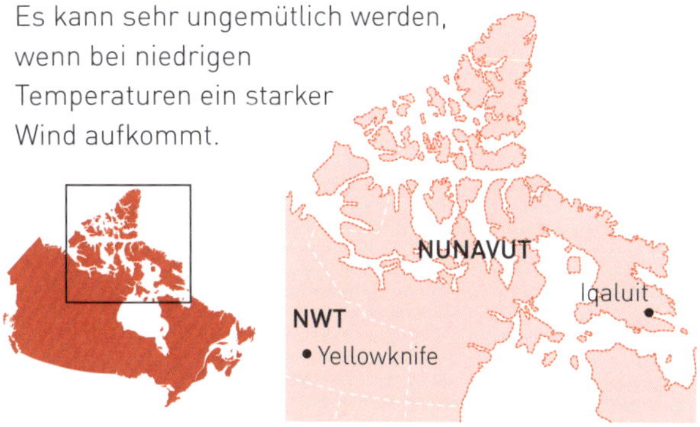

Ruf des Nordens

Manitobas unentdeckte Naturschätze

Wekusko Falls

Wer die viel gepriesene kanadische Einsamkeit sucht und den Touristenströmen aus dem Weg gehen möchte, findet im Norden Manitobas seine Erfüllung. Hier, wo die weite Landschaft von riesigen Flächen borealen Waldes, zahllosen Seen, Flüssen und Wasserfällen dominiert wird und schließlich in die subpolare Tundra übergeht, ist die Szenerie von menschenleerer Wildnis geprägt. Wohnmobil-Reisende finden wunderbare Campingplätze in den Provincial Parks, eine Mietwagen-Rundreise will aufgrund der begrenzten Auswahl an Übernachtungsmöglichkeiten dagegen gut geplant sein. Wer dem Ruf des Nordens folgt, darf sich auf Manitobas wahrhaft unentdeckte Naturschätze freuen:

An den Wekusko Falls

Felsmalereien an den Wekusko Falls

Im Nordosten der Provinz liegt an der Grenze zu Saskatchewan das kleine, auf Felsen gebaute Minenstädtchen Flin Flon, in dem früher große Mengen an Kupfer und Zink abgebaut wurden. Im alten Bahnhof gibt es ein Museum, das einen spannenden Einblick in die Bergwerks-Geschichte der Stadt bietet. Einen phänomenalen Ausblick bietet eine Wanderung über den Flinty's Boardwalk and Trail. Auf 4,2 Kilometern gilt es so manches Hindernis zu überwinden, um die Spitze der vulkanischen Felsen zu erreichen, die hier den Ross Lake umgeben. Aber das Panorama ist jede Anstrengung wert!

Die Pisew Falls

Ein Stück weiter westlich liegt kurz vor der Ortschaft Cranberry Portage das Quellgebiet des Grass Rivers, der sich von hier aus über 500 Kilometer in nordöstlicher Richtung quer durch Manitoba zieht, bevor er schließlich in den Nelson River und damit in die Hudson Bay mündet. Er war einst einige wichtige Handelsroute für die Ureinwohner und europäischen Pelzhändler, heute ist er ein Paradies für Kanuten und andere Abenteurer. Der Fluss windet sich durch die wilde und waldige Landschaft und stürzt sich dabei gleich mehrere Male spektakulär in die Tiefe. Manitobas Wasserfall-Route – die Waterfall Alley – ist ein echter Geheimtipp!

An den Wekusko Falls im gleichnamigen Provincial Park, rund zwei Autostunden von Flin Flon entfernt, rauscht der Grass River durch eine Reihe von Stromschnellen stolze 12 Meter hinab. Zwei Hängebrücken überqueren die Kaskaden und bieten dabei einzigartige Perspektiven zum Fotografieren. Eine kurze Boots- oder Paddeltour über den Grass River zum Tramping Lake führt zu einem fast schon mystischen Ort, an dem man indigene Piktogramme und prähistorische Felsmalereien finden kann. Sie stellen Szenen aus dem alltäglichen und spirituellen Leben der indigenen Völker dar, die hier einst zu Hause waren.

Der Grass River fließt schließlich weiter durch den Setting Lake und die Stromschnellen der Sasagiu Rapids, bevor er im Pisew Falls Provincial Park zu den bekanntesten Wasserfällen Manitobas gelangt. Hier, rund 700 Kilometer nördlich der Hauptstadt Winnipeg, zeigt sich die Provinz von einer besonders schönen Seite. Die Szenerie ist geprägt vom satten Grün des borealen Waldes und dem rauschenden Grass River. Gleich zwei Mal nimmt das Wasser hier ordentlich Fahrt auf, um sich in tosenden Kaskaden in die Tiefe zu ergießen.

An den Pisew Falls fällt der Fluss zunächst recht plötzlich um gute 13 Meter ab, ändert die Richtung und stürzt sich dann laut-

Thompson, das Tor zum hohen Norden Manitobas

hals eine kleine Schlucht hinunter. „Pisew" stammt übrigens aus der Sprache der Cree und bedeutet „Luchs". Das Zischen der Pisew Falls erinnerte die Ureinwohner wohl an die hier heimische Wildkatze. Die Kwasitchewan Falls wiederum sind mit 14,2 Metern Höhe Manitobas höchster Wasserfall! Ein rund 22 Kilometer langer Rundwanderweg, der entlang des Grass Rivers einer alten Pelzhandelsroute folgt, verbindet die beiden Wasserfälle. Wanderer, die über Nacht Station machen möchten, können die abgelegenen Zeltplätze am hinteren Ende des Trails nutzen und sich vom Rauschen der Kwasitchewan Falls in den Schlaf wiegen lassen. Wer nicht wandern mag, kann in der Nähe des Parkplatzes von einem Aussichtspunkt bereits einen tollen Blick auf die Pisew Falls genießen!

Etwa 45 Autominuten weiter nördlich liegt mit der Stadt Thompson das Tor zum hohen Norden Manitobas. Hier kann man Kanadas größtes Wandbild bewundern. Mit einer Größe von 26 x 19 Metern ist das überdimensionale Wolfsmotiv schon von weitem zu sehen. Das Bild ist Teil des Spirit Ways, einem zwei Kilometer langen Spazierweg mit 16 Stationen, die Thompsons Kulturerbe, Kunst, Industrie, Geologie und Landschaft im Fokus haben. Auch dem neuen Boreal Discovery Center und dem Heritage North Museum, welches einen kulturhistorischen Einblick in die Welt Nord-Manitobas liefert, sollte man hier einen Besuch abstatten.

Karin Schreiber

Seit Ende der 1990er Jahre ist Karin Schreiber Feuer und Flamme für Kanada. Ihr Herz schlägt besonders für die Prärieprovinzen Manitoba und Saskatchewan sowie die Northwest Territories im Norden des Landes. Ihr bester Reisemoment? Zweifelsohne die Begegnung mit Eisbären an der Küste der Hudson Bay im Norden Manitobas.

Flin Flon: *cityofflinflon.ca*
Wekusko Falls Provincial Park: *gov.mb.ca/sd/parks/park-maps-and-locations/northwest/wekusko.html*
Pisew Falls Provincial Park: *gov.mb.ca/sd/parks/park-maps-and-locations/northeast/pisew.html*
Thompson: *thompson.ca*
Boreal Discovery Center: *borealdiscoverycentre.org*
Heritage North Museum: *heritagenorthmuseum.ca*

Toronto Islands: Fotostopp, grüne Oase und autofrei

Autor: Stephan Brünjes

Toronto Islands

Kaum eine Millionen-Metropole hat seine Urlaubsinseln so direkt vor der Haustür. Mit der Fähre statt dem Flieger geht es rüber, nach nicht mal zehn Minuten beginnen lange Ferien oder das Kurzpicknick– am Strand, auf Radwegen oder beim Frisbee-Golf.

Das Inselparadies wurde geschaffen von einem heftigen Sturm: Am 13. April 1858 zieht er auf, als John Quinn gerade mitten in den Vorbereitungen für eine Party steckt. Feiern will er, nach vorangegangenen Stürmen, die Renovierung seines Hotels auf Torontos Peninsula. Halbinsel – so nannten Torontonians das Stück Land, das vorn an der Waterfront gelegen nur durch einem schmalen Sandstreifen mit dem Stadtgebiet verbunden war. Der nun aufziehende, nächste Orkan wütet damals so heftig, dass Hotelier Quinn seine Vorbereitungen abbricht und zunächst die Angestellten auf kürzestem Weg per Boot in die sichere Stadt bringt. Auf die Peninsula zurückgekehrt, kann er seine Frau und die siebenjährige Tochter gerade noch ret-

Fähre zu den Toronto Islands

ten, als sie sich im steigenden Wasser an Holzbalken klammern. Wenig später reißt die enge Landverbindung für immer. Wo sie war, können kurze Zeit später bereits Schiffe zwischen Festland und den abgetrennten Toronto Islands durchfahren.

Gerade mal zehn Minuten braucht die Fähre auf diesem Törn heute vom Bay Street-Anleger zu den Inseln Ward's Island, Algonquin Island und Centre Island. Als Mini-Archipel zusammenhängend liegen sie in Form einer umgedrehten Pistole im Lake Ontario. Schon auf diesem Kurztransfer wird deutlich, warum sich die Überfahrt lohnt: Torontos glitzernde Skyline erscheint in fotogener Panoramabreite vor Smartphone-Kameras und dauerklickenden Spiegelreflex-Objektiven. Auf einer der Inseln angekommen, wartet Bullerbü statt busy city: Bunt gestrichene, zumeist hölzerne Cottages ducken sich hinter hohen Bäumen auf zugewachsenen Grundstücken. 262 solcher Häuser gibt es, bewohnt von etwa 600 Insulanern. Manuel Cappel ist einer von ihnen. Der gebürtige Deutsche wanderte mit seinen Eltern 1955 aus, im Alter von vier Jahren. Die Familie zog auf die Toronto Islands, und Manuel ist für immer hiergeblieben. Heute ist der 71-Jährige ein Unikum, kümmert sich ehrenamtlich um das gut 200 Jahre alte Gibraltar Lighthouse, eines der ältesten Bauwerke Torontos, das 1808 aus Natursteinen errichtet wurde und mit John Paul Radelmüller schon damals einen Deutschen als ersten Leuchtturmwärter hatte. Bis er von britischen Soldaten erschlagen wurde – angeblich, weil er ihnen kein weiteres von seinem selbstgebrauten Bier ausschenken wollte. Radelmüllers Geist soll heute noch im Leuchtturm herumspuken, erzählt manch ein guide. Nicht so Manuel Cappel. Er zeigt Gästen lieber seine alte Schule, die er zur Künstlerwerkstatt umgewandelt hat. Selbst konstruierte Fahrräder und dazu passende, teils kuriose Lastenanhänger schweißt und schraubt er hier: einer ist die originalgetreue Nachbildung eines alten Torontoer Straßenbahnwaggons, ein

Holzhaus mit Mosaik

Schattiger Garten des Rectory Café

anderer die der historischen Fähre The Bluebell. Ach ja, und Widerstandskämpfer war Manuel Cappel auch: Zusammen mit vielen Insulanern wehrte er sich mehr als 30 Jahre lang gegen Pläne von Torontos Stadtverwaltung, alle Bewohner von den Inseln zu vertreiben, um daraus eine reine Parklandschaft zu machen. 1993 schließlich gaben die Politiker nach und den „Hausbesetzern", wie sie genannt wurden, ein Pachtrecht für 99 Jahre.

Dadurch konnten viele Attraktionen erhalten werden, deretwegen Besucher heute hinüber schippern: Das gemütliche Rectory Café mit seinem schattigen Garten, etwa – idealer Anlaufpunkt für alle Stippvisiteure, die aus Zeitgründen schon bei der Ankunft die Fähre zurück im Blick haben. Manuel Cappel hat das Café mal geleitet, diesen Job aber vor Jahren abgegeben, auch um mit der Restaurierung alter Überlandbusse voranzukommen, die er regelmäßig kauft, aber auf den Inseln nicht fahren darf, denn benzinbetriebene Fahrzeuge sind hier verboten – mit wenigen Ausnahmen: Umzüge und andere Großtransporte, Schneeräumer und der Schulbus. Auch einen Laden gibt es auf den Toronto Islands nicht. Die Insulaner müssen ihren täglichen Bedarf auf dem Festland kaufen und per Fähre und Fahrrad nach Hause transportieren. Sehr zum Vorteil von ruhesuchenden Gästen, denn so können sie sich ungestört von Motorengeräuschen und Abgasen erholen.

Im Centreville Theme Park

Während der 35-minütigen Toronto Island Tram Tour etwa – in Minibussen mit Elektromotor. Oder bei einer Partie Frisbee-Golf – auf einem eigens dafür eingerichteten Course auf Ward's Island. Oder mit einer Runde Stand-up-Paddeling. Seit mehr als 30 Jahren richten die Toronto Islands zudem ihr eigenes Drachenboot-Rennen aus – immer eine Attraktion im Juni. Fußballfeldgroße, grüne Wiesen, von Radwegen durchzogen, laden ebenso zum Relaxen ein wie die Strände. Der schönste ist der Centre Island Beach. Nicht weit entfernt davon kommt der Centreville Theme Park als historischer Rummel daher – mit museumsreifen (aber sicheren) Karussells, Sky Rides und Streichelzoo. Tennis- und Beachvolleyball-Plätze gibt es in der Nähe von Hanlans Point, Grillplätze mit fest installierten Barbecues vielerorts auf den Inseln. Nur Fleisch, Kohle und Anzünder muss man selbst mitbringen.

Blick auf Downtown

Sogar im Winter lohnt ein Abstecher auf die Toronto Islands – für Skilanglauf, Schneewanderungen und Schlittschuh-Ausflüge auf den Lagunenseen, die bei oft eisigen Temperaturen zwischen den insgesamt 15 Inseln zufrieren. Unbedingt Proviant mitbringen, denn im Winter hat keines der Restaurants offen! Und warm einpacken, denn am Fähranleger gibt es keine geheizten Schutzhäuschen. Die Überfahrt ist im Winter nur mit der Ward's Island-Fähre möglich. Benannt ist die Insel übrigens nach William Ward, der hier im Mai 1862 zu einem Segeltörn aufbrach und dabei alle fünf Schwestern im Sturm verlor. Nach diesem traumatischen Erlebnis engagierte er sich bis zu seinem Tode als Rettungsschwimmer und rettete in den Gewässern rund um Toronto angeblich insgesamt 160 Menschen vor dem Ertrinken.

LAGE
im Lake Ontario, 10 Min. mit der Fähre ab Toronto Central Business District. Toronto Islands, Toronto, M5J 1A1

ANFAHRT
Mit dem Bus oder der U-Bahn zur Union Station fahren; von dort in der 509er Harbourfront- oder der 510er Spadina-Straßenbahn zur Haltestelle Bay Street/Queens Quay. Der Fähranleger befindet sich südlich der Bay Steet.

ÖFFNUNGSZEITEN
24/7, aber Besuche der Islands sind abhängig von den Fahrzeiten der Fähren.

EINTRITT
kostenlos

- Tramtour: Kinder (2-12 J.) 5,00 CAD, Erwachsene 10,00 CAD
- Der Eintritt in den Centreville Theme Park ist ebenfalls frei, aber die Karussells kosten.

WEBSEITEN:

- *www.torontoisland.com* mit allen Infos, auch zu den Fährverbindungen
- Karte zum Download unter *www.toronto-travel-guide.com/support-files/toronto-islands-map.pdf*
- Übernachten: *torontoisland.org/i-want/accommodation-b-bs*
- Café: *therectorycafe.com*
- Fahrradverleih: *torontoislandbicyclerental.com*
- Paddelbootverleih: *paddletoronto.com*
- Stand Up Paddeling: *torontoislandsup.com*
- Dragon Boat Festival: *dragonboats.com*
- Ausleihe von Winterausrüstung: *mec.ca/en/stores/toronto?open_tab=toronto-gear-rentals*

Aufnehmen

AKTUELLE BÜCHER AUS KANADA IN DEUTSCHER ÜBERSETZUNG

Im Jahr 2042 ist es soweit: Dann wird die Zeitkapsel im Schilderwald von Watson Lake geöffnet.

Begonnen hat alles 1942. Der in Watson Lake stationierte Soldat Carl K. Lindley wurde damit beauftragt, ein Schild zu reparieren. Er ergänzte es um einen Wegweiser zu seinem Heimatort "Danville, Illinois, 2835 miles".

Der Beginn eines Trends – Jahr für Jahr kamen seitdem Schilder aus aller Welt dazu. Jetzt stehen hier im Sign Post Forest in Watson Lake schon über 77.000 Schilder.

Watson Lake ist eine kleine Stadt mit 1700 Einwohnern im Yukon. Sie liegt am Alaska Highway auf Meile 635. Der Alaska Highway beginnt mit der Mile 0 in Dawson Creek in British Columbia und führt bis Delta Junction in Alaska, USA. Er wurde während des Zweiten Weltkriegs aus militärischen Gründen gebaut.

Da es auf dem 2237 Kilometer langen Highway hauptsächlich Natur zu sehen gibt, ist der ungewöhnliche Schilderwald zu einer weltbekannten Touristenattraktion geworden. 1992, also 50 Jahre nach der Entstehung, wurde dort in Watson Lake eine Zeitkapsel hinterlegt. Im Jahr 2042 soll sie geöffnet werden.

Text aus: Kanada 151.

Kanada 151: eindrucksvolle Texte und bewegende Bilder

Kanada - im zweitgrößten Land der Erde leben gerade mal 37 Millionen Menschen, eine Mischung aus Ureinwohnern und Einwanderern mit einer Vielzahl von gelebten Kulturen und Traditionen. Kanada entstand durch den Handel mit Biberpelzen, heute ist es eine moderne Demokratie und gehört zu den Ländern mit der höchsten Lebensqualität in der Welt.

Reisen Sie mit Annegret Heinold durch die kanadischen Rockies, staunen Sie über glitzernde Glastürme in Calgary und schlendern Sie durch die Altstadt von Quebec. Stöbern Sie durch einen Laden in Chinatown, probieren Sie die köstliche Lobster Roll in Halifax und entdecken Sie die Einmaligkeit kanadischer Lebensart. Am Ende werden Sie um 151 faszinierende Einblicke in eines der schönsten Länder der Welt reicher sein.

Kanada 151 ist eine einzigartige Dokumentation über ein Land, das alles bietet, von der Halbwüste bis zum ewigen Schnee. Erleben Sie eine Gesellschaft, die stolz ist auf ihr Mosaik verschiedener Kulturen und die trotz (extremer) Weite im Herzen nah beieinander steht. Ein Buch für Entdecker und Liebhaber Kanadas und diejenigen, die es werden wollen.

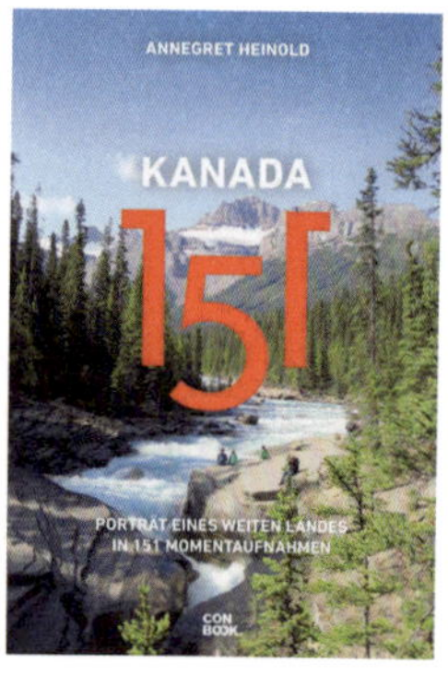

Annegret Heinold
Kanada 151 – Porträt eines weiten Landes in 151 Momentaufnahmen
Conbook Medien GmbH,
288 Seiten, Preis 16,95 EUR
ISBN: 978-3-95889-325-2

Bison nähe Whitehorse (Yukon) Fotografin Simone Karcz

Peyto Lake, Icefields Parkway (Alberta) Fotografin Claudia Lehmann

360°

Kanada Leserfoto-Wettbewerb

Lake Laberge (Yukon) Fotograf Karl-Hans Kern

An dieser Stelle präsentieren wir in jeder Ausgabe die schönsten Fotos unserer Leser. Schicken Sie uns Ihr Lieblingsmotiv aus Kanada in möglichst hoher Auflösung und mit kurzer Motivbeschreibung an: *redaktion@360grad-medien.de* und mit etwas Glück veröffentlichen wir Ihr Foto an dieser Stelle oder gar im 360° Kanada Leserfotokalender 2023.

Niagara Falls (Ontario) Fotografin Antje Moecke

Ausblicken

Special: Atlantik-Provinzen

British Columbia: Vancouver Island

Ontario: Flowerpot Island

Unsere nächste Ausgabe:
360° Kanada 2/2022 erscheint im Dezember 2022*

*Änderungen vorbehalten

Impressum

360° Kanada erscheint halbjährlich

360° medien
Nachtigallenweg 1 | 40822 Mettmann,
Tel.: +49 2104 50 63 -100 | E-Mail: info@360grad-medien.de
redaktion@360grad-medien.de | www.360grad-medien.de

Geschäftsführung: Christine Walter

Chefredaktion (V.i.S.d.P.): Andreas Walter
E-Mail: a.walter@360grad-medien.de

Mitarbeiter dieser Ausgabe: Michaela Arnold, Holger Bergold, Stephan Brünjes, Karin Schreiber, Geneviève Susemihl

Design und Layout: 360° medien | Marc Alberti, Elke Gräfe

Anzeigenleitung:
Stefanie Pöller | E-Mail: s.poeller@360grad-medien.de
Tel.: +49 2104 50 63 -106

Marketing und Vertrieb, Leserservice:
Julia Schüller | E-Mail: vertrieb@360grad-medien.de
Tel.: +49 2104 50 63 -100

ISBN: 978-3-96855-306-1 | **ISSN:** 1869-8328

Vertrieb Presseeinzelhandel:
IPS Pressevertrieb GmbH, 53334 Meckenheim, www.ips-d.de
Einzelpreise im Handel: D, A, Europa: 9,50 € | Schweiz: 13,60 CHF

Jahresabonnement 360° Kanada: Deutschland 24 €, Ausland EU 30 €, Ausland Welt 34 €. Das Abonnement verlängert sich automatisch um ein weiteres Jahr, wenn es nicht sechs Wochen vor Ablauf gekündigt wird. Der Jahrespreis für das Abonnement enthält zwei Ausgaben des Magazins 360° Kanada (Einzelpreise jeweils 9,50 €) sowie einen Wandkalender im A4-Format mit den schönsten Leserfotos aus Kanada (Einzelpreis 12,50 €). Ebenfalls enthalten sind im Abonnement zusätzlich die Versandkosten und – soweit erforderlich – die gesetzliche Mehrwertsteuer.

Bildnachweise: Holger Bergold S. 22-24, 26-27, 74-78, 80-81, 94; Stephan Brünjes S. 90-93; Anthony DeLorenzo, CC BY SA 2.0, S. 25; Destination BC S. 8-9; Destination Canada S. 15 u, 19, S. 82-83 o, 84-85; Destination Canada | Jason van Bruggen S. 83 u; Destination Toronto S. 7 li; Kate Dougherty S. 6 li; Colin Field S. 12 o, 14; Angela Gzowski S. 15 o; Christian Heeb S. 98 o; Jan Heistermann S. 79; Heritage Park Historical Village S. 6 re; Hauke Hille | haukehille.com S. 28 u; NWT Tourism | Bergeron S. 13 o; NWT Tourism | George Fischer S. 20 u; NWT Tourism | Terry Parker S. 21 o; NWT Tourism | Weiland S. 20 o; Hans-Gerhard Pfaff S. 5 o li, S. 17, 18; Darren Roberts S. 21 u; Patrick Rojo S. 28 o; Geneviève Susemihl S. 5 o re, 30-37; 66-72, TAVINA S. 73; TravelingOtter, CC BY SA 2.0 S. 5 u li; Travel Manitoba S. 4, 86-89; Terry Parker NMC S. 12 u; Geri Sigl S. 13 u, 16; Tourism PEI S. 7 re; Kaitlyn Vician S. 10/11; Willy Waterton S. 1